新能源汽车研究与开发丛书

电动汽车电机系统噪声测试与评价
——基于传声器阵列

王再宙 张春香 宋 强 著

机械工业出版社

本书全面阐述了电动汽车电机噪声测试的科学基础、关键技术与工程应用等问题，是关于这一新兴车辆产品技术领域的学术专著，是作者团队对近 10 年来的研究成果进行系统化整理的产物。

本书从多学科融合交叉的角度比较完整、系统地讨论了电动汽车电机噪声的理论基础、系统架构、阵列构型、传声器阵列设计、声阵列噪声分析程序，研究了电动汽车电机测试内容，对电动汽车典型电机进行了噪声试验，建立了噪声评价指标体系。

本书适合汽车及相关行业的高校、科研院所和企业研发部门的师生和研究人员阅读，也可供相关领域的工程技术人员参考。

图书在版编目（CIP）数据

电动汽车电机系统噪声测试与评价：基于传声器阵列/王再宙，张春香，宋强著. —北京：机械工业出版社，2021.7（2025.1 重印）

（新能源汽车研究与开发丛书）

ISBN 978-7-111-68571-5

Ⅰ. ①电… Ⅱ. ①王… ②张… ③宋… Ⅲ. ①电动汽车 – 电机 – 噪声测量 Ⅳ. ①U467.4

中国版本图书馆 CIP 数据核字（2021）第 125557 号

机械工业出版社（北京市百万庄大街 22 号　邮政编码 100037）

策划编辑：何士娟　责任编辑：何士娟　王　婕

责任校对：肖　琳　封面设计：马精明

责任印制：常天培

北京机工印刷厂有限公司印刷

2025 年 1 月第 1 版第 3 次印刷

169mm×239mm・8.25 印张・8 插页・157 千字

标准书号：ISBN 978-7-111-68571-5

定价：108.00 元

电话服务　　　　　　　　　网络服务

客服电话：010 – 88361066　　机 工 官 网：www.cmpbook.com
　　　　　010 – 88379833　　机 工 官 博：weibo.com/cmp1952
　　　　　010 – 68326294　　金　书　网：www.golden – book.com

封底无防伪标均为盗版　　　　机工教育服务网：www.cmpedu.com

前言

电动汽车具有清洁环保、高效利用多种能源等特点，因而成为重要的新型绿色环保交通工具。作为新型清洁能源车辆，电动汽车减少了大气污染，但噪声污染仍然较为突出。在电动汽车驱动电机的性能试验过程中，发现驱动电机噪声比较严重，尤其是在高转速和高功率的时候。为了提高乘坐舒适性，减少噪声污染，有必要对电动汽车驱动电机工作噪声的测量做进一步的研究工作。

噪声测试一般需要在专门的消声室或空旷的空间来进行，并且需要具备噪声测试设备和测量分析系统。电动汽车驱动电机的噪声测试需要在测功机电机驱动系统测试台架上进行，由于其体积大、安装困难等，所以很难建立在消声室内；即便将台架建立在消声室内，如何联结台架和测功机才能减少或避免噪声外泄也成为一大难题；另外，台架运行时的背景噪声对驱动电机本身噪声的影响也很难完全消除。因此，如何实现在普通实验室内对电动汽车驱动电机系统的噪声进行快速测量、分析和评价研究非常必要。

本书综合了研究团队近10年的成果，主要基于时域信号"延迟-求和"的"波束成形"阵列信号处理算法，建立传声器阵列声场分析和声源识别的方法；运用这种方法自行设计传声器阵列声场分析系统的部分硬件，开发传声器阵列声场分析系统程序；利用设计的传声器阵列声场分析系统对电动汽车驱动电机噪声进行试验分析并验证其有效性和快捷性；对电动汽车驱动电机噪声进行分类，并对电动汽车驱动电机噪声进行评价研究。实现在普通实验室条件下对电动汽车驱动电机系统的噪声进行快速测量、分析和评价的要求，具体内容包括：基于声强测量的电动汽车驱动电机噪声研究、传声器阵列与阵列信号处理、驱动电机声学模型及声场分析程序、基于传声器阵列声场分析、驱动电机系统测试研究、电动汽车电机噪声特性及评价指标、基于兼容度准则的电动汽车电机系统综合性能评价等内容。

本书的编写得到了河北省教育厅项目（项目编号：ZD2020320）和河北省引进留学人员项目（项目编号：C201815）的资助，本书在编写过程中得到了有关单位和个人的帮助，在此向支持和关心作者研究工作的所有单位和个人表示衷心的感谢。书中部分内容参考了有关单位和个人的研究成果，均已在参考文献中列出，若有遗漏，还请谅解。在此一并致谢！

电动汽车技术近几年发展迅速，由于作者水平有限，不当与疏漏之处在所难免，恳请读者提出宝贵意见。

著　者

2021 年 3 月

目 录

前言

第1章 绪论 ………………………………………………………………… 1
  1.1 电动汽车驱动电机系统应用及噪声研究现状 ……………………… 1
    1.1.1 电动汽车驱动电机系统应用现状 ……………………………… 2
    1.1.2 电动汽车驱动电机系统噪声研究现状 ………………………… 5
  1.2 噪声测量技术进展 …………………………………………………… 9
    1.2.1 声强测量法 ……………………………………………………… 9
    1.2.2 声全息测量法 ………………………………………………… 10
    1.2.3 声阵列测量法 ………………………………………………… 11
  1.3 主要研究内容 ………………………………………………………… 12

第2章 基于声强测量的电动汽车驱动电机噪声研究 ……………………… 14
  2.1 声场的数学模型 ……………………………………………………… 14
  2.2 波动方程 ……………………………………………………………… 15
  2.3 波动方程的解 ………………………………………………………… 16
    2.3.1 平面声波 ………………………………………………………… 16
    2.3.2 球面声波 ………………………………………………………… 17
  2.4 声能与声强 …………………………………………………………… 18
    2.4.1 声能与声强的定义 …………………………………………… 18
    2.4.2 有功声强与无功声强 ………………………………………… 19
  2.5 声强测量技术 ………………………………………………………… 20
    2.5.1 P-U法 …………………………………………………………… 20
    2.5.2 P-P法 …………………………………………………………… 21
  2.6 基于声强的直流驱动电机噪声研究 ………………………………… 22
    2.6.1 试验设备 ………………………………………………………… 22

2.6.2　试验过程 ··· 23
　　2.6.3　试验结果及分析 ·· 23
2.7　本章小结 ·· 26

第3章　传声器阵列与阵列信号处理 ··· 27
3.1　传声器阵列理论基础 ··· 27
　　3.1.1　阵列的指向性 ··· 27
　　3.1.2　阵列增益 ··· 28
　　3.1.3　距离分辨力 ·· 28
　　3.1.4　角分辨率 ··· 29
3.2　阵列信号处理 ·· 30
　　3.2.1　传声器阵列输出信号的自相关函数、功率谱密度 ················ 30
　　3.2.2　传声器信号的时域平均 ··· 30
　　3.2.3　波束成形算法 ··· 32
　　3.2.4　基于最小能量准则通道加权系数确定 ································ 36
3.3　传声器阵列构建 ··· 37
　　3.3.1　传声器类型的选择 ··· 37
　　3.3.2　阵列结构形式的选择 ·· 38
　　3.3.3　阵元间距和个数的确定 ··· 39
　　3.3.4　阵列架固定调节装置设计 ·· 40
　　3.3.5　阵列所在平面与声源发声面距离的确定 ····························· 40
3.4　本章小结 ·· 41

第4章　驱动电机声学模型及声场分析程序 ·································· 42
4.1　驱动电机噪声系统的声学模型 ··· 42
　　4.1.1　驱动电机声场模型建立 ··· 42
　　4.1.2　驱动电机声场模型求解 ··· 44
4.2　声场分析程序功能需求及计算步骤 ··· 45
　　4.2.1　传声器阵列试验数据采样 ·· 45
　　4.2.2　功能分析 ··· 46
　　4.2.3　计算流程 ··· 47
　　4.2.4　程序编制 ··· 49
4.3　本章小结 ·· 49

目　录

第5章　基于传声器阵列声场分析 ……………………………………… 51
5.1　基于传声器阵列声场分析系统试验 …………………………… 51
5.1.1　试验设备 …………………………………………………… 51
5.1.2　典型工况试验过程及分析 ………………………………… 53
5.1.3　额定转速不同转矩工况 …………………………………… 67
5.1.4　额定转矩不同转速工况 …………………………………… 68
5.2　声阵列噪声对比研究 …………………………………………… 70
5.2.1　试验设备 …………………………………………………… 70
5.2.2　对比试验过程及分析 ……………………………………… 70
5.3　本章小结 ………………………………………………………… 83

第6章　驱动电机系统测试研究 ………………………………………… 85
6.1　整体试验准备 …………………………………………………… 86
6.2　基于台架的电机系统性能参数测试 …………………………… 88
6.2.1　电机温升测试 ……………………………………………… 88
6.2.2　工作电压范围测试 ………………………………………… 90
6.2.3　电机系统输入输出特性测试 ……………………………… 91
6.3　电机系统安全性和环境适应性测试 …………………………… 100
6.3.1　安全性测试 ………………………………………………… 100
6.3.2　环境适应性测试 …………………………………………… 102
6.4　本章小结 ………………………………………………………… 107

第7章　电动汽车电机噪声特性及评价指标 …………………………… 108
7.1　电动汽车驱动电机噪声特性及降低噪声措施 ………………… 108
7.1.1　电磁噪声 …………………………………………………… 108
7.1.2　机械噪声 …………………………………………………… 109
7.1.3　空气动力噪声 ……………………………………………… 110
7.1.4　噪声降低措施 ……………………………………………… 110
7.2　电动汽车驱动电机噪声评价现状 ……………………………… 111
7.3　电动汽车驱动电机噪声评价指标体系 ………………………… 111
7.3.1　功率声功率比 ……………………………………………… 112
7.3.2　质量声功率比 ……………………………………………… 112
7.3.3　体积声功率比 ……………………………………………… 113

7.3.4 当量声功率比 ……………………………………………………… 113
7.4 基于噪声的电动汽车驱动电机故障诊断 ……………………… 114
　　7.4.1 故障诊断噪声试验设备 ………………………………………… 114
　　7.4.2 电动汽车电机故障诊断分析 …………………………………… 115
7.5 本章小结 ……………………………………………………………… 115

第8章 基于兼容度准则的电动汽车电机系统综合性能评价 …………… 116
8.1 电动汽车电机系统综合性能评价指标 ………………………… 116
8.2 基于兼容度准则的综合性能评价方法 ………………………… 117
　　8.2.1 决策模式的改进 …………………………………………………… 117
　　8.2.2 基于兼容度准则的评价方法 …………………………………… 117
8.3 电机系统综合性能评价 …………………………………………… 118
8.4 本章小结 ……………………………………………………………… 120

参考文献 ……………………………………………………………………… 121

第 1 章

绪 论

汽车工业的迅速发展源于社会需求和技术进步，它在给人们带来便利、推动经济和社会发展的同时，也带来了环境污染严重和能源消耗过多两大问题。空气质量的日益恶化和石油资源的渐趋匮乏使开发低排放、低油耗的清洁能源车辆成为当今汽车工业界的紧迫任务。

电动汽车（Electric Vehicle）技术正是在这种背景下得到了进一步发展。与传统的内燃机车辆本质不同，电动汽车主要利用电能，通过驱动控制系统驱动电机，带动车辆驱动轮转动，推动车辆行驶。电动汽车具有清洁环保、高效利用多种能源等特点，成为重要的新型绿色环保交通工具。

中国自"十五"期间就特别设立国家高技术研究发展计划（863 计划）电动汽车重大专项，组织高等院校、科研机构和企业，以官、产、学、研四位一体的方式联合攻关，以期在电动汽车研发方面取得进步。之后又加强了节能与新能源汽车车用驱动电机系统的试验测试研究，力求使中国的汽车产业在世界汽车工业的新一轮竞争中抢得制高点，实现中国汽车工业的振兴。

1.1 电动汽车驱动电机系统应用及噪声研究现状

驱动电机系统是电动汽车的关键性部件，其类型和工作特点直接决定了电动汽车的运行性能。基于车辆道路行驶的动力需求特性分析，电动汽车驱动电机系统应具有以下特点：恒功率输出、高功率密度和宽调速范围，以保证变速和超车的要求；在汽车起步和爬坡时具有低速－高转矩的输出特性，低速输出大转矩，以适应车辆的低速启动和加速、负荷爬坡、频繁起停等复杂工况；在全部运行范围内，应具有较高的工作效率，保证车辆单次充电的续驶里程；同时，所具有的再生制动功能应保证高效利用能源等特性，另外，还要求驱动电机系统的拓扑结构简单、可靠性高，能够在较恶劣的行驶环境中长期工作；结构工艺性好，适应大批量生产，运行时噪声低，使用维修方便，成本低等。

为优化驱动电机系统效率，扩大其高效率运行范围，应不断寻求新的电机设计技术和控制策略，同时应用新开发的一些电子技术来改善系统的性能及降低成本。

1.1.1 电动汽车驱动电机系统应用现状

随着先进的电机、功率电子、微电子技术以及控制策略的发展，越来越多类型的驱动电机系统用于电动汽车。电动汽车驱动电机系统主要包括驱动电机和控制器。目前，在电动汽车上应用较广的驱动电机主要有直流驱动电机和交流驱动电机两种，具体分类如图1-1所示。

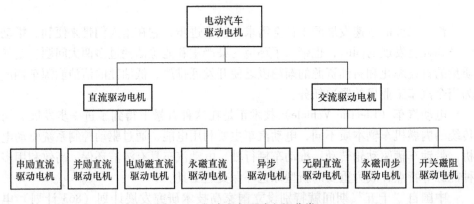

图1-1　电动汽车驱动电机分类

在电动汽车上常用的直流驱动电机主要有他励直流驱动电机（包括永磁直流驱动电机）、串励直流驱动电机、复合励磁直流驱动电机。常用的交流驱动电机主要有异步驱动电机（感应电机）、无刷直流驱动电机、三相永磁同步驱动电机和开关磁阻驱动电机。下面简要阐述它们在电动汽车中的应用现状。

1. 直流驱动电机

直流驱动电机（Direct Current Motor，DCM）系统（简称为直流驱动系统），包括驱动电机控制器和直流驱动电机。

直流驱动电机的控制器一般采用斩波器控制方式。因其结构简单，技术成熟，具有优良的电磁转矩控制特性，在电动汽车中应用较早，例如与电动汽车驱动系统相似且在我国广泛使用的无轨电车，以及电动叉车等工业用电动车辆。直流驱动电机系统的优点是成本低、易于平滑调速、驱动电机控制器所用功率开关器件少、可靠性好、控制器热损耗少，只需采用风冷冷却方式，易于维护。但因为存在电刷和换向器，限制了驱动电机的最高转速，也导致驱动电机体积大、重量较大，且电刷和换向器需要定期维护。

电动汽车常用的直流驱动电机主要有三种：他励直流驱动电机（包括永磁直流驱动电机）、串励直流驱动电机、复合励磁直流驱动电机。

第1章
绪　论

　　他励直流驱动电机在运行过程中励磁磁场稳定，容易控制，易于实现电动汽车的再生制动要求。但当他励直流驱动电机采用永磁激励时，虽然驱动电机效率高、重量和体积较小，但由于励磁磁场固定，驱动电机的机械特性不理想，驱动电机产生不了足够大的输出转矩来满足电动汽车起动以及加速时的大转矩要求。

　　串励直流驱动电机的优点是在驱动电机低速运行时，能给电动汽车提供足够大的转矩，而在驱动电机高速运行时，驱动电机电枢中的反电势增大，与电枢串联的励磁绕组中的励磁电流减小，驱动电机高速运行时的弱磁调速功能易于实现，因此串励直流驱动电机系统能较好地符合电动汽车的特性要求。但串励驱动电机由低速到高速运行时的弱磁调速特性并不理想，随着电动汽车运行速度的提高，驱动电机输出转矩快速减小，不能满足电动汽车高速运行时由于风阻大而需要驱动电机输出较大转矩的要求，且串励驱动电机运行效率低。在实现电动汽车的再生制动时，由于没有稳定的励磁磁场，再生制动的稳定性差；另外，由于再生制动时需要加接触器切换，导致驱动电机控制系统的故障率较高，可靠性较差。由于串励直流驱动电机串励励磁绕组的损耗较大、体积和重量较大，故其运行效率较低。

　　复合励磁直流驱动电机中的永磁励磁部分采用高磁性材料钕铁硼，具有运行效率高等优点。由于驱动电机永磁励磁部分有稳定的磁场，因此用该类驱动电机构成电动汽车动力驱动系统时易实现再生制动功能。同时，由于复合励磁驱动电机增加了增磁绕组，通过控制励磁绕组的励磁电流或励磁磁场的大小，能克服纯永磁他励直流驱动电机不能产生足够的输出转矩来满足电动汽车低速或爬坡时的大转矩要求，而且其重量或体积比串励励磁和只有他励绕组励磁的直流驱动电机轻或小。

　　带永磁和增磁绕组混合励磁的直流驱动电机（简称续流增磁驱动电机），克服了上述各种直流驱动电机控制系统的缺点。该驱动电机控制系统开创性地使用了自动弱磁调速方式。在这种调速方式中，驱动电机的增磁绕组接到驱动电机的续流回路，在电动汽车处于起动、爬坡等低速运行状态下，由于驱动电机的转速低，故驱动电机电枢回路中的反电动势小。因此，在控制器限制驱动电机最大电流的条件下，用于给动力电池组电压斩波器提供驱动电机电枢电压的驱动功率半导体开关器件的导通占空比小，驱动电机电枢中的电流在大部分时间里通过续流回路，使增磁绕组产生足够大的励磁电流来增大励磁磁场，这样驱动电机能产生足够的输出转矩来满足电动汽车起动、爬坡时的需要；而电动汽车在起动过程中，随着车速的提高，驱动电机电枢反电动势也增大，驱动功率半导体开关器件的导通占空比逐渐增大，驱动电机电枢电流通过续流回路的时间逐渐缩短，使驱动电机增磁绕组中的磁场逐渐减弱，满足了电动汽车由低速到高速过程中的弱磁过程。由于弱磁过程不需要接触器或用于调节增磁绕组电压的斩波器来实现对增磁绕组中励磁电流的控制，而是随着电动汽车的车速变化自动完成的，因此系统的可靠性得到了提高。当电动汽车处于正常运行状态下时，驱动电机转速较高，驱动功率半导体器件导通的占空比很大，续流回路中的电流很小，也就是说驱动电机的励磁主要是由永磁部分提供的，因此驱动电机的运行效率很高。自动弱磁调速系统在电动汽车低速运行状态下，驱动电机的输出转矩比串励驱动电机运行方式略有减小，但当驱动电机处在较高速度运行状态下，其输出转矩明显增大，因此更利于电动汽车完成起动过程和高速运行；而且驱动电机高速运行时，由于其增磁绕组中的励磁电流很小，励磁磁场主要是由永磁部分完成的，因此驱动电机控制系统的运行效率高。

2. 异步驱动电机

异步驱动电机又称为交流感应驱动电机（Induction Motor，IM），一般采用转子为鼠笼结构的三相交流感应电机。驱动电机控制器一般采用带矢量控制的变频调速方式。

异步驱动电机目前在电动汽车驱动系统上应用广泛，主要因为异步驱动电机在工业中有比较成熟的制造和控制技术，同时具有结构简单、体积小、重量轻、成本低、运行可靠、转矩脉动小、噪声低、转速极限高和不需要位置传感器等优点，它的调速技术发展比较成熟，因此被较早地应用于电动汽车的驱动系统。近几年来，由异步驱动电机驱动的电动汽车几乎都采用矢量控制和直接转矩控制。矢量控制又包括最大效率控制和无速度传感器矢量控制，其中前者是使励磁电流随驱动电机参数和负载条件而变化，从而使驱动电机的损耗最小、效率最大；后者不使用速度传感器，而是利用驱动电机电压、电流和电机参数来估算出速度，从而达到简化系统、降低成本、提高可靠性的目的。异步驱动电机主要应用在纯电动汽车（包括轿车及客车）中。异步驱动电机驱动系统的缺点是低速区域和轻载时效率低，同时驱动电路复杂，致使系统成本提高的同时，功率器件故障率也升高。

3. 永磁同步驱动电机

永磁同步驱动电机包括无刷直流驱动电机（Brushless Direct Current Motor，BDCM）和三相永磁同步驱动电机（Permanent Magnet Synchronous Motor，PMSM）。

三相永磁同步驱动电机系统具有效率高、功率密度高等特点，低速时常采用矢量控制，高速时采用弱磁控制，而无刷直流驱动电机在低速时转矩稳定性比较差，在高速时调速性能较差，所以无刷直流驱动电机逐渐被三相永磁同步驱动电机所代替。同时，由于三相永磁同步驱动电机具有较宽的调速范围，已在国内外多种电动汽车中获得了应用。日本丰田公司的普锐斯（PRIUS）混合动力轿车采用的永磁同步驱动电机的功率已达到了50kW，新配置的运动型多用途汽车

（SUV）所用的驱动电机的功率甚至达到了123kW，但目前还存在功率等级较小、成本过高等不足。

4. 开关磁阻驱动电机

开关磁阻驱动电机（Switch Reluctance Motor，SRM）在电动汽车上也有应用。这种驱动电机最早是英国（1983年）提出，经过近几十年的发展，已经成为现代交流驱动电机中的一个新支。它的主要特点是结构紧凑牢固，适于高速运行，并且驱动电路简单、成本低、性能可靠、控制灵活、响应速度快，在宽广的转速范围内效率都比较高，而且可以方便地实现四象限控制。这些特点使开关磁阻驱动电机驱动系统很适合电动汽车的各种运行工况，例如法国FlAT公司研制的电动汽车和中国第二汽车制造厂研制的电动客车都采用了开关磁阻驱动电机。

开关磁阻驱动电机系统的最大缺点是转矩脉动和噪声大、系统非线性等；相对永磁驱动电机而言，其功率密度和效率偏低；另一个缺点是需要使用位置传感器，增加了结构复杂性，降低了可靠性，故其应用受到了限制。由于开关磁阻驱动电机系统具有明显的非线性特性，系统难于建模，一般的线性控制方式不适于开关磁阻驱动电机系统，目前主要利用模糊逻辑控制、神经网络控制等方式。香港大学开发的模糊滑模控制具有减少控制振荡等优点，是开关磁阻驱动电机系统控制研究的一个新的突破。

上述四种电动汽车驱动电机在效率、最高转速、费用等方面的对比见表1-1。通过表1-1可以知道，在这四种驱动电机中，永磁同步驱动电机系统的效率最高，也不需要换向器和电刷，在日本等国家开发的电动轿车中得到了较好的应用，但目前还存在着成本太高等缺点。

表1-1 四种电动汽车驱动电机对比

电机性能	直流驱动电机（DCM）	异步驱动电机（IM）	永磁同步驱动电机（PMSM）	开关磁阻驱动电机（SRM）
最大效率（%）	85~89	94~95	95~97	<90
效率（10%负载）	80~87	79~85	90~92	78~86
最高转速/(r/min)	4000~6000	7000~15000	4000~10000	7000~15000
电机费用/(美元/kW)	10	8~12	10~15	6~10
坚固性	良	优	良	良
可靠性	普通	优	良	良

1.1.2 电动汽车驱动电机系统噪声研究现状

噪声是各种频率和不同强度的杂乱声音的组合。在分析处理噪声问题时，往往首先要对声源及声场进行测试分析，了解噪声的特性，其中包括声源的识别和定位以及声源的特性（声源的类别、辐射声功率、频谱特性、传播规律和声辐射的指向性等）。然而，在实际问题中，辐射噪声强度与环境有关，在传播过程中会发生反射、折射、衍射和吸收等现象，使得对声源和噪声的研究有很大困难。

1. 传统工业电机系统噪声研究

传统电机系统噪声研究一般以工业电机为主。根据研究目的，一般将电机噪声和振动的测试分为两类：一类是研究性测试，主要是为了验证电机噪声和振动是否达到设计要求，分析产生噪声和振动的原因，验证降低电机噪声采取的方法及效果；另一类是鉴定性测试，主要是检查电机噪声水平是否达到了标准的要求，即电机质量的鉴定。

虽然评价一台电机工作噪声的等级只要测出噪声级就够了，但为了有效控制电机噪声，必须准确地找出它发声的主要部位和发声的声源，并确定起决定作用的声源，以便采取措施。通常采用按测点位置大致区分各类噪声声源的方法。

一般情况下，噪声鉴别需要记录电机的噪声频谱。通过频谱分析判别电机噪声声源的方法见表1-2。

表1-2 通过频谱分析判别电机噪声声源的方法

电机噪声类别			分析鉴别方法		原因分析要点
大类	分类	名称	主要频谱	辅助鉴别方法	
空气动力噪声	电机通风噪声	共鸣声（笛声）	在主频率$f = mz\dfrac{n}{60}$处有明显的突出噪声式中，n是电机转速；m是叶片数或风道通道数或散热筋数；z是谐波次数，一般为1、2	风扇端或进风端噪声最大 改变转速变化较大 耳听，有明显叫声	叶片数不当，或通风沟、孔与叶片共鸣 风叶与导风构件间隙太小，形成笛声
		涡流声（气体紊流声）	频带宽，一般为100Hz～3kHz	风扇端或进风口处测点噪声最大 声音较稳定，几台电机差异也不大 耳听，近于白噪声	风扇结构、通风系统不当，有较多涡流区

（续）

电机噪声类别			分析鉴别方法		原因分析要点
大类	分类	名称	主要频谱	辅助鉴别方法	
固体振动噪声	电磁噪声	单边磁拉力声振	$f=f_0$ 式中，f_0是电网频率	交流电机机壳处两端噪声较大 停电法	转子偏心或气隙不均
		磁极径向磁拉力脉动噪声及振动	$f=2f_0$	$f=2f_0$ 可单独出现，而 $f=f_0$ 一般与 $f=2f_0$ 同时出现 声音比较稳定	磁路不平衡 定子结构刚度不够
		转声差及振动（二次转差声）	电网频率或2倍电网频率按转差频率的调制声 $f=2\delta f_0$	变化与转差有关 停电法 耳听，一般有"老牛哼声"	一般是转子三相不对称，如跳槽、空槽、断条、缩孔、偏心等转子缺陷，或轴承装配不当
		齿谐波噪声及振动	$f=zQ\dfrac{n}{60}+2f_0$（或0） 式中，z是谐波次数（1,0）；Q是定、转子齿槽数（主要是指转子）	机壳处、出线盒处噪声较大 变电压，噪声变化 停电法 机壳振动较大 变转速或变频法	定、转子槽配合不当 转子斜槽度不当 定子或端盖与齿谐波共振 整流器品质不理想 机壳、端盖加工不当，或轴承装配不当，造成转子偏斜 转子偏心，气隙不均匀
	轴承噪声	轴承自身噪声及振动	$f=2\sim5$kHz，常常在2kHz、5kHz有峰值	轴伸端噪声较大 振动频率为$2\sim5$kHz，其中高频成分多	轴承品质差 装配不当
		轴承轴向声及振动	$f=1\sim1.6$kHz，有明显峰值	耳听，有明显轴承声	轴承室、轴颈、游隙等公差配合或加工不当
		轴向窜动声（轴向窜动）	$f=50\sim400$Hz 有明显峰值，$f=\dfrac{n}{10}$ 或 $f=\dfrac{n}{30}$ 或 $f=\dfrac{n}{60}\dfrac{r_e}{r_c}$ 或 $f=E\dfrac{30}{n}$ 式中，r_e是有效半径；r_c是理论半径；E是泊松比	轴伸端噪声较大 "嗡嗡"声不稳定 时有时无 频率不稳定	轴承品质差 缺波形弹簧片或弹簧片不起作用 动平衡不佳

(续)

电机噪声类别			分析鉴别方法		原因分析要点
大类	分类	名称	主要频谱	辅助鉴别方法	
固体振动噪声	其他部件振动声	端盖共振声	小电机 $f=1\sim1.5\text{kHz}$ 有明显峰值	轴伸端噪声较大，用敲打法测固有频率	主要与轴承振动谐振，除与槽配合有关外，还与加工精度、电磁振动谐振和工艺有关
		机壳共振声	$f=500\text{Hz}\sim1\text{kHz}$ 有明显峰值	机壳振动较大，用激振法或敲打法测固有频率	主要与电磁振动的谐波谐振
		换向器或正流子摩擦声	$f=m\dfrac{n}{60}$ 式中，m 是换向片数；$f=4\sim10\text{kHz}$	靠近换向器测点的噪声较大	正流子加工精度问题 电机不平衡 电刷性质不良 电刷太硬 集电环加工精度差
		不平衡声及不平衡振动	$f=\dfrac{n}{60}$	—	转子不平衡 对电机振动不合格影响较大

我国对普通工业电机噪声的研究起步较晚，直到20世纪70年代后才开展起来，基本上沿用国外的方法进行研究，取得了一定的成绩。1981—1983年间，清华大学的俞鑫昌发表了一系列文章介绍了电机噪声源的鉴别方法、感应电机的电磁噪声机理和降噪措施。1987年，张世良等人对泵用微型感应电机的噪声进行了研究，指出了径向力波与电磁噪声的关系。1989年，诸子强等人利用电机定子表面的振动速度和表面附近空气中的声压计算了电机辐射的电磁声功率。电磁噪声主要由电机通电时各次气隙磁密谐波引起的电磁力波作用于电机结构所引起，因此减少电磁力波的来源可以降低电磁噪声。电磁力波分析的准确性将直接影响电磁噪声的预测精度和降噪效果。

2. 电动汽车驱动电机系统噪声研究

电动汽车作为一种清洁能源车辆，在近年得到了大力发展，其驱动电机系统也得到了快速发展。电动汽车的特性决定了其驱动电机系统特性应具有：宽的调速范围，以保证高车速和超车等要求；低速输出大转矩，以适应车辆的起动、加速、负荷爬坡、频繁起停等复杂工况，从而区别于传统的工业电机系统。对电动汽车驱动电机系统噪声的测量及频谱分析的研究鲜见报道。目前，国内主要有清华大学的郑泽东等通过扩展卡尔曼（Kalman）滤波器考虑永磁同步驱动电机系统噪声和测量噪声影响的研究，以及徐蕴婕等基于数字信号处理（Digtal Signal

Processor，DSP）的全数字永磁驱动电机推进系统的研究；上海交通大学的胡明惠等对驱动电机轨迹跟踪过程中的非线性高斯噪声采用了基于粒子滤波的前馈控制器的研究，王正华等对 SPWM 载波对驱动电机振动和噪声的影响进行了研究，严莉等对汽车电机噪声实时检测技术进行了研究；哈尔滨工业大学的代颖从电磁力波和驱动电机结构固有模态的分析方面，进行了感应驱动电机电磁噪声的研究。国外也主要是围绕电磁噪声进行研究。

传统的噪声测试需要在专门的消声室或空旷的空间进行。电动汽车驱动电机需要在电动汽车动力驱动系统测试台架上进行。然而，由于体积大和安装困难等原因，电动汽车动力驱动系统测试台架很难建在消声室内，即便将台架建立在消声室内，台架和测功机如何相连才能减少或避免噪声泄露也将成为一大难题，并且台架运行时对驱动电机噪声的影响也很难消除。同时，建立消声室成本较高，因此如何在普通实验室里快捷有效地对电动汽车驱动电机系统进行噪声测试就显得格外重要。

1.2 噪声测量技术进展

声学理论的发展已有两千多年的历史，但声学的实用测量起步却比较晚。直到 20 世纪初，无线电技术和电子仪器的发展为声学测量技术的发展提供了良机。1915 年，E. C. Wenter 设计了第一个电容传声器，可以将声波转化为电压信号进行测量分析。高性能的测量传声器、频谱分析仪和声级记录器实现了噪声信号的声压级测量、频谱分析和信号特性的自动记录，使得声学测量技术获得了迅速发展，各种模拟仪器如声级计、倍频程滤波器应运而生。计算机技术和大规模集成电路的发展进一步提高了声学测量的准确度与速度，而数字技术的应用也实现了频谱的实时分析。

由于传声器只能感受声压，而声源（或声场）的其他特性只能根据声压的测量结果进行计算，所以测量的准确度和速度都不能令人满意。为了排除测试环境的影响，在现代科技发展的基础上，一些先进的测量技术和方法如声强测量法、声全息测量法、声阵列测量法、声模态分析法、相关分析法和偏相关分析法等获得了充分的发展。下面主要介绍前三种方法和应用。

1.2.1 声强测量法

由声学原理可知，单位时间内通过垂直于声传播方向上面积（S）的平均声能称为平均声能流量或平均声功率（W）。通过垂直于声传播方向单位面积上的平均声能流量，就称为平均声能流量密度或声强（I）。瞬时声强是瞬时声压及瞬时质点速度的乘积，因此声强测量法就是通过同时测量出这两个瞬时量，然后进行相乘得到。

声强本身是一个矢量，有大小、方向，可以描述声的能量场。用声强测量法测定噪声源声功率的原理提出得较早，但长期以来由于测量声强很困难，所以并未获得广泛的应用。用传声器测量声压的问题早已解决，因此问题主要集中在实测质点速度上。质点速度的测量一般采用间接测量法。R. H. Bolt 首次应用双传声器测量材料的声阻抗，而 T. J Schultz 应用 Bolt 的双传声器原理处理两个传声器的声压信号，得到质点速度，从而开始了质点速度的间接测量法。20 世纪 70 年代，随着数字信号处理技术的快速发展，通过把双传声器测到的信号由时域转换到频域，计算其互功率谱的虚部就可以得到声强。在此基础上，不少商品化的声强测量系统也开始出现在市场上。声强测量法具有许多优点，可用来判断噪声源的位置，计算噪声发射功率，可以不需要消声室、混响室等特殊声学环境进行声源的声功率、材料的吸声系数和透射系数等的测量，因而近年来得到了快速发展。

声强测量法也越来越多地应用到噪声源的识别中，利用测得的噪声辐射面的声强值，做出声强的矢量图、等高线图和三维声强分布图，形象地表示出被测辐射面各部位的噪声辐射分布，从而可以直接识别出主要噪声辐射位置。

1.2.2 声全息测量法

声全息测量法是指用从二维面上测得的声压信息来计算三维空间的声场特征。传统的声全息是在远场进行测量的，由于测量信号漏掉了衰减波分量，致使分辨率不高。近场声全息能够捕获近场衰减波分量，分辨率比传统的声全息高。声全息能够用于重建三维空间的声压场、振速场、声强矢量场，能够预测声源的辐射声功率及远场指向性，分离与识别具有相干特性的多噪声源，还有助于对结构振动和噪声进行有效控制。对于空气中或者水下结构的振动及声辐射特性的研究，声全息技术是一种极为有效的测量方法。

经过 20 多年的发展，近场声全息技术已发展成为噪声源识别和声场可视化问题研究的重要技术。近场声全息技术的核心是全息变换算法。自 Williams 等人于 1980 年首先提出采用近场空间傅里叶变换法实现声场全息变换以来，已经有许多方法相继被采用，并都取得了一定的效果。例如，在空间傅里叶变换法基础上发展的基于 K - 空间滤波法、Wiener 滤波法、反复算法以及统计最优法的近场声全息技术，还有不受源面和全息面形状限制的基于边界元法的近场声全息技术，以及最近提出的基于 Helmholtz 最小二乘法的近场声全息技术和基于分布源边界点法的近场声全息技术。它们都能有效地实现声场的全息变换，但也各有优缺点：基于空间傅里叶变换法的近场声全息技术虽然原理简单，但是要求测量面和源面都为规则形状（如平面、柱面、球面和椭球面等）；基于边界元法的近场声全息技术虽说可以对任意形状的振源进行分析,但计算量大,而且其中存在的奇异积分处理和特征波数处理的非唯一性处理相当麻烦;基于 Helmholtz 最小二乘法的近场声全息技术是将振源辐射分解成有限个模态的正交球面波的叠加,而随着分解数目的增加,计算量急剧上升,而且对于非球形结构体,其计算精度也会受到影响;基于分布源边界点法的近场声全息技术是在边界元法基础上发展起来的一种新型的近场声全息技术,它只需要对振动边界进行结点离散,并通过特解源来构造源面与场点之间的传递关系,其计算量小、精度高而且计算稳定性好,但边界离散仍是必需的,而且对其特解源的位置选取也需相当谨慎。

近场声全息主要适用于稳态声场的分析,但是该方法也可以用于分析瞬态声场。在国外,B&K、Sensound、LMS 公司的软件中都有相应的瞬态分析功能,由于成本太高,国内目前使用较少。因为做瞬态分析需要同步测量,所以需要大的测量阵列(如 $16 \times 16 = 256$ 通道)和后续处理设备,而普通的声全息只需要小的阵列扫描测量。后处理算法与瞬态分析也有一定的关系,因为算法的快慢决定了瞬态分析的快慢(此处的瞬态不可能是完全的瞬态,而是连续的很短的时间段),目前用于瞬态分析的算法主要是快速傅里叶变换(FFT)法。如果不用实时分析,则可以通过大的测量阵列连续采集数据再进行离线分析,但是阵列的数据采样必须是同步的。

1.2.3 声阵列测量法

所谓传声器阵列,就是多个在空间确定位置上排列的一组传声器,由这个阵列测量出空间中的声场信号,经过特殊的数据处理,就可以得到更多的有关声源的信息。

通过传声器阵列对空间信号场进行接收和处理,从而提取阵列所接收的信号及其特征信息,同时抑制干扰或不感兴趣的信息,这种处理方式为阵列信号处理。阵列信号处理是信号处理领域内的一个重要分支,近 40 年来得到了迅速发展,其应用涉及雷达、通信、声呐、地震和勘探等众多军事及国民经济领域。

阵列信号处理与一般的信号处理方式不同,因为其阵列是按一定方式布置在空间不同位置上的传感器组,主要利用信号的空域特性来增强信号及有效提取信号空域信息。因此,阵列信号处理也常称为空域信号处理。与传统的单个定向传感器相比,阵列信号处理具有灵活的波束控制、高的信号增益、高的抗干扰能力及空间分辨能力等特点,因而受到了人们的极大关注。同时,与此相关的研究工作不断发展与深入,其应用范围也不断扩大。

基于传声器阵列的噪声测试可用于在具有嘈杂背景的环境中进行稳态声源、非稳态声源和运动声源的分析。与传统的阵列信号处理相比,传声器阵列信号处理主要有以下特点:

1）传统的阵列信号处理一般是有一个调制载波的窄带信号，如通信信号和雷达信号等，而传声器阵列处理的信号没有载波，其频率分布大部分集中在300~3000Hz之间，是一个多频宽带信号。

2）传统的阵列处理技术一般处理的信号为平稳或准平稳信号，而传声器阵列处理的信号通常为非平稳信号。

3）传统的阵列处理一般采用远场模型，而传声器阵列处理要根据不同的情况选择远场模型或者近场模型。

4）在传统的阵列处理中，噪声一般为高斯噪声（包括白噪声和有色噪声），与信源无关。在传声器阵列处理中，噪声既有高斯噪声，也有非高斯噪声（如室内空调风机的噪声、打字机发出的干扰噪声、碎纸机的声音和突然出现的电话铃声等）。这些噪声可能与信源无关，也有可能相关。

综上所述，以上三种方法都可以进行噪声源识别，但是基于声强的噪声测试由于测试时间比较长，所以只限于稳定工况；基于声全息的声源识别目前也主要用于稳定工况和限于理论算法的研究；声阵列测量法是目前最强的声源识别系统，可用于稳态声源、非稳态声源和移动声源，基于传声器阵列的研究更多地应用于水声和雷达等领域。本书就是基于传声器阵列理论，在普通实验室环境条件下实现对电动汽车驱动电机噪声的测试、分析和评价研究。

1.3　主要研究内容

电动汽车作为新型清洁能源车辆，虽然减少了大气污染，但噪声污染依然较为明显，因此有必要对驱动电机对环境产生的噪声污染做进一步的研究。通过对电动汽车驱动电机进行性能试验，发现驱动电机噪声比较严重，尤其是在高转速和高功率的时候。为了提高乘坐舒适性和减少噪声污染，有必要对电动汽车驱动电机工作噪声的测量做进一步的研究工作。

本书综合了研究团队近10年的成果，主要基于时域信号"延迟-求和"的"波束成形"阵列信号处理算法，建立传声器阵列声场分析和声源识别的方法；运用这种方法自行设计传声器阵列声场分析系统的部分硬件，开发传声器阵列声场分析系统程序；利用设计的传声器阵列声场分析系统对电动汽车驱动电机噪声进行试验分析并验证其有效性和快捷性；对电动汽车驱动电机噪声进行分类，并对电动汽车驱动电机噪声进行评价研究。实现在普通实验室条件下对电动汽车驱动电机系统的噪声进行快速测量、分析和评价的要求，具体内容包括以下几个方面：

1）系统研究声场的波动方程及其解、声能和声强、双传声器互谱声强测量原理、声强测量技术中的P-U测量法和P-P测量法。基于声强测量法进行电动汽车续流增磁直流驱动电机噪声试验，分析该驱动电机系统在低频、中频和高频情况下的噪声分布情况，为该驱动电机噪声分析和降低噪声提供理论基础。

2）研究传声器阵列理论，分析阵列信号的方向图；依据传统的波束成形理论，根据近场和远场的不同，分别研究基于远场和近场的波束成形算法；在延迟求和算法中，对于传声器阵列中各通道加权因子，提出基于输出能量最小原则的确定方法，提高阵列信号辨识的效果；设计传声器阵列形式，选择传声器类型和传声器间距，并依此设计制作传声器阵列，为电动汽车驱动电机系统的噪声阵列信号处理提供硬件基础。

3）将电动汽车驱动电机作为一个系统建立驱动电机声场模型，基于偏奇异值分析法和奇异值重置法对驱动电机声场模型求解。对声场分析程序功能进行分析，分别实现噪声声场信号的时域分析、频域分析和噪声声场重建，并集成为声阵列分析软件。同时为了提高操作的方便性和人机交互性，利用图形用户界面将所有功能合成，从而构成了声阵列分析的软件基础。

4）以纯电动汽车异步驱动电机系统为研究对象，对电动汽车驱动电机典型工况进行噪声试验，详细介绍该驱动电机在不同运行工况下噪声声场的时域分析、频域分析和声场重建，验证传声器阵列声场分析系统的有效性和快捷性。

5）电动汽车驱动电机系统测试主要在电机台架上进行，主要包括电动汽车电机系统的一般性参数测试、温升测试、输入/输出特性测试、安全性测试、环境适应性参数测试、可靠性测试以及电磁兼容测试。

6）对电动汽车驱动电机噪声进行分类，并提出降低各种噪声的措施，对电动汽车驱动电机噪声进行评价研究；基于声强的声功率测量不受环境影响的特点，提出体积声功率比、质量声功率比、功率声功率比和当量声功率比等评价指标，建立电动汽车驱动电机噪声评价指标体系。应用噪声评价指标体系对试验用的电动汽车续流增磁直流驱动电机和交流驱动电机进行噪声评价及对比研究。

7）电机系统的性能不仅涉及电气性能、动力性能、安全性能及可靠性等技术指标，而且涉及与整车匹配程度相关的效能指标。根据电机系统评价指标相互冲突、定性与定量并存的特点，分析了模糊多属性决策的适用性；利用累积的电机系统实测数据，制定了适合电机系统评价指标的隶属函数。电机系统类型不同，考核的侧重点也有所不同，混合动力汽车电机系统在不同工况下的效能指标也不相同，由此确立了电机系统综合性能的评价模型。

第 2 章 基于声强测量的电动汽车驱动电机噪声研究

声强是矢量，基于声强的噪声测量效果受工作环境的影响不大，并能在现场进行。测量结果能反映声级的大小和声能的流动方向，可以准确确定主声源的位置，揭示声辐射面声强分布的规律特性。

声强法的测量是将双传声器测到的信号由时域转换到频域，通过计算其互功率谱的虚部就可以得到声强。声强法测量具有许多优点，可用来判断噪声源的位置，计算噪声发射功率；可以不需要消声室、混响室等特殊声学环境进行声源的声功率、材料的吸声系数和透射系数等参数测量，因而其近年来发展得很快。

本章系统研究了声场的数学模型、声场的波动方程及其解、声能与声强、声功率、双传声器互谱声强测量原理、声强测量技术中的 P-U 测量法和 P-P 测量法。最后基于声强理论进行了续流增磁驱动电机噪声测试和分析。

2.1 声场的数学模型

声音是客观存在的物理现象，可将其表述为声源的机械振动在周围介质中的传播现象，这种传播现象以波的形式出现，称为声波。

介质中，声波所波及的区域称为声场，声压是描述声场中声波性质最常用的物理量。在声波传播过程中，同一时刻不同体积元的声压是不同的，对于同一体积元，其声压又随时间而变化，所以声压是时间和空间的函数。为了定量描述声波在声场中的传播规律，有必要通过计算声场中的波动方程，进而掌握声场的变化规律。

最简单的声场是单频平面波声场。这是一种很重要的声场，因为任意复杂的声场都可以看成是许多单频平面波的线性组合。我们所说的声场指的是声压场，它是时间-空间的函数，记为 $p(t,r)$。这种时间-空间场信号的表示可以分为两种情况：第一种情况，对于确定性时间-空间信号场，可以引用确定的数学表达式来描述；第二种情况，对于随机的时间-空间信号场，则用统计的方法来描述。

对于简单的单频平面波,有

$$p(t,r) = e^{j\omega(t-r/c)} = e^{j(\omega t - kr)}$$

式中,t 是时间;r 是距离;$\omega = 2\pi f$,f 是时间频率;c 是声速;$\boldsymbol{k} = \dfrac{\omega}{c}\boldsymbol{n}$,是波数矢量;$\boldsymbol{n}$ 是波阵面的法向矢量,表示平面波传播的方向。

在笛卡儿坐标系中,$\boldsymbol{k}$ 可以分解成互相正交的三个分量 $\boldsymbol{k}_x$、$\boldsymbol{k}_y$、$\boldsymbol{k}_z$,它们被称为空间频率。对于任意的声场,可以引入频率波数变换 $F_p(\omega,\kappa)$,表示为

$$F_p(\omega,\kappa) = \int_{-\infty}^{+\infty}\int_{-\infty}^{+\infty}\int_{-\infty}^{+\infty}\int_{-\infty}^{+\infty} p(t,r) e^{-j(\omega t - kr)} \mathrm{d}t\mathrm{d}x\mathrm{d}y\mathrm{d}z$$

于是

$$p(t,r) = \dfrac{1}{(2\pi)^4}\int_{-\infty}^{+\infty}\int_{-\infty}^{+\infty}\int_{-\infty}^{+\infty}\int_{-\infty}^{+\infty} F_p(\omega,\kappa) e^{j(\omega t - kr)} \mathrm{d}\omega \mathrm{d}k_x \mathrm{d}k_y \mathrm{d}k_z$$

这里,频率波数变换 $F_p(\omega,\kappa)$ 表示声压场在时间频率和空间频率的分布情况。

2.2 波动方程

由声场的物态方程、质量守恒方程和运动方程,可推导出声波的波动方程。物态方程为

$$p = \gamma \dfrac{p_0}{\rho_0}\rho' \tag{2-1}$$

质量守恒方程为

$$\rho_0 \dfrac{\partial u}{\partial x} + \dfrac{\partial \rho'}{\partial t} = 0 \tag{2-2}$$

运动方程为

$$\rho_0 \dfrac{\partial u}{\partial t} = -\dfrac{\partial p}{\partial x} \tag{2-3}$$

式中,p 是声压;γ 是等压和等容的比热之比,对于空气 $\gamma = 1.402$;p_0 是静态平衡时的静压,$p_0 = 1.013\mathrm{Pa}$;ρ_0 是静态平衡时的密度,温度为 0℃ 时,$\rho_0 = 1.293\mathrm{kg/m}^3$;$\rho'$ 是声波引起的密度增量;u 是质点的速度。

由式(2-1)可得

$$\rho' = p\dfrac{\rho_0}{\gamma p_0} \tag{2-4}$$

将式(2-4)代入式(2-2)可得

$$\dfrac{\partial u}{\partial x} = -\dfrac{1}{\gamma p_0}\dfrac{\partial p}{\partial t} \tag{2-5}$$

将式 (2-3) 对 x 取微分，将式 (2-5) 对 t 取微分，然后联合两式可得

$$\frac{\partial^2 p}{\partial x^2} = \frac{\rho_0}{\gamma p_0} \frac{\partial^2 p}{\partial t^2} \qquad (2\text{-}6)$$

令

$$\frac{\gamma p_0}{\rho_0} = c^2 \qquad (2\text{-}7)$$

则有

$$\frac{\partial^2 p}{\partial x^2} = \frac{1}{c^2} \frac{\partial^2 p}{\partial t^2} \qquad (2\text{-}8)$$

式 (2-8) 就是声场中的一维波动方程。其中 c 是声波的传播速度，只取决于介质空气本身的物理常数 γ、p_0、ρ_0，而与声波的频率无关。可计算出，当气温为 0℃ 时，c 为 331.6m/s；当气温为 20℃ 时，c 为 334m/s。

三维声波的声波方程为

$$\frac{\partial^2 p}{\partial x^2} + \frac{\partial^2 p}{\partial y^2} + \frac{\partial^2 p}{\partial z^2} = \frac{1}{c^2} \frac{\partial^2 p}{\partial t^2} \qquad (2\text{-}9)$$

如果令算子

$$\nabla^2 = \frac{\partial^2}{\partial x^2} + \frac{\partial^2}{\partial y^2} + \frac{\partial^2}{\partial z^2} \qquad (2\text{-}10)$$

则式 (2-9) 可写成

$$\nabla^2 p = \frac{1}{c^2} \frac{\partial^2 p}{\partial t^2} \qquad (2\text{-}11)$$

2.3 波动方程的解

2.3.1 平面声波

平面声波是最简单的一种波形，通过对它进行分析就可以比较容易地认识声波基本特性。假设在无限均匀介质里有一个无限大平面的刚性物体，沿其法线 x 方向进行振动，这时产生的声波只沿 x 方向传播，而在 yz 平面上所有质点的振幅和相位均相同，这种声波的波阵面是平面，所以称为平面声波。许多具体的波动方程都可以简化为平面声波进行处理。

平面声波的方程是一维波动方程，见式 (2-8)，这是一个二阶线性偏微分方程，其通解为

$$p(x,t) = f(ct-x) + g(ct+x) \qquad (2\text{-}12)$$

式中，$f(ct-x)$ 是沿 x 轴正方向传播的波；$g(ct+x)$ 是沿 x 轴负方向传播的波。

$f(ct-x)$ 和 $g(ct+x)$ 的函数形式决定于时间及空间的边界条件，两者的传播速度均为 c。在无限介质中，以上两相反方向的波不再相会，为了简明起见，只讨论正向波，即

$$p(x,t)=f(ct-x) \tag{2-13}$$

将式（2-13）代入运动方程式（2-3），积分可得

$$u(x,t)=-\frac{1}{\rho_0}\int\frac{\partial p}{\partial x}\mathrm{d}t=-\frac{1}{\rho_0 c}f(ct-x) \tag{2-14}$$

在式（2-13）及式（2-14）中消去 $f(ct-x)$ 可得

$$u(x,t)=-\frac{1}{\rho_0 c}p(x,t) \tag{2-15}$$

当被测声源距离 L 比较远时，通常可认为 $L>50\lambda$（λ 是被测声波的最大波长）是平面声波。

2.3.2　球面声波

当声源是点声源时，声波以点声源为中心向各方向传播，其同相位各质点的瞬时轨迹所组成的波阵面是个球面，故称为球面声波。球面声波也是一种基本的波形。

用球坐标研究球面声波比用直角坐标方便得多。波阵面的法线方向就是声波的传播方向，对球面声波来说就是球坐标中的 r 方向。因为已设定波的传播方向只在 r 方向，所以球面声波可以简化为一维形式。可将运动方程式（2-3）改写为

$$\rho_0\frac{\partial u}{\partial t}=-\frac{\partial p}{\partial r} \tag{2-16}$$

物态方程是介质的基本特性，与坐标系无关，故式（2-1）没有改动。将式 $\gamma\frac{p_0}{\rho_0}=c^2$ 代入式（2-1）可得

$$p=c^2\rho' \tag{2-17}$$

至于连续性方程，由于声波传播过程中波阵面积随 r 不断改变，因此该方程要有相应改变。

设在 r 处波阵面的面积为 S，则在单位时间内流入该微小体积的质量为 ρuS，其中 u 为质点速度，ρ 为介质密度。在同时间内，在 $r+\mathrm{d}r$ 处流出该微小体积的质量为 $\rho uS+\frac{\partial(\rho uS)}{\partial r}\mathrm{d}r$，两者之差 $-\frac{\partial(\rho uS)}{\partial r}\mathrm{d}r$ 就是单位时间内进入该微小体积的净质量。同时该微小体积的质量近似等于 $\rho S\mathrm{d}r$，其单位时间内质量的变化为 $-\frac{\partial(\rho S\mathrm{d}r)}{\partial t}$。显然，单位时间内该体积内质量的变化应等于单位时间内流入该体积的质量，则有

$$-\frac{\partial(\rho u S)}{\partial r}\mathrm{d}r = -\frac{\partial(\rho S \mathrm{d}r)}{\partial t} \qquad (2\text{-}18)$$

根据式 $\rho = \rho_0 + \rho'$，可将式（2-18）简化为

$$-\rho_0 \frac{\partial(uS)}{\partial r}\mathrm{d}r = S\frac{\partial(\rho')}{\partial t} \qquad (2\text{-}19)$$

解式（2-16）、式（2-17）及式（2-19），可以得到

$$\frac{\partial^2 p}{\partial r^2} + \frac{\partial p}{\partial r}\frac{\partial(\ln S)}{\partial r} = \frac{1}{c^2}\frac{\partial^2 p}{\partial t^2} \qquad (2\text{-}20)$$

式（2-20）是当声波有任意形状的波阵面时，在传播过程中保持形状不变的波动方程。

当是均匀球面声波时，其波动方程可改写为

$$\frac{\partial^2}{\partial r^2}(pr) = \frac{1}{c^2}\frac{\partial^2}{\partial t^2}(pr) \qquad (2\text{-}21)$$

此方程不适用于 $r=0$ 的原点，其通解为

$$p(r,t) = \frac{1}{r}[f(ct-r) + g(ct+r)] \qquad (2\text{-}22)$$

式中，$f(ct-r)$ 是由原点向远处传播的声波；$g(ct+r)$ 是由远处向原点行进的声波。

当是简谐波时，假定声场中某点 A 的声压为 p_A 其解为

$$p(r,t) = \frac{\mathrm{j}\omega\rho_0}{r}p_A \mathrm{e}^{\mathrm{j}(\omega t - kr)} \qquad (2\text{-}23)$$

$$u(r,t) = \left(\frac{\mathrm{j}k}{r} + \frac{1}{r^2}\right)p_A \mathrm{e}^{\mathrm{j}(\omega t - kr)} = \frac{p(r,t)}{\rho_0 c}\left(1 - \frac{\mathrm{j}}{kr}\right) \qquad (2\text{-}24)$$

与平面声波的 $p(x,t)$ 与 $u(x,t)$ 的关系式相比，显然球面声波的关系式要复杂些。

在实验室内测量时，由于距离声源比较近，所以应认为是球面声波。本节主要应用球面声波进行研究。

2.4 声能与声强

2.4.1 声能与声强的定义

声能就是声介质中振动的动能和形变的位能之和。声波在移动，声能也在移动。定义单位时间内通过与能量传播方向垂直的单位面积的声能为声能流密度，以 w 表示，这是个矢量。声场中任意一点的声波强度等于通过与能流方向垂直的单位面积的声能量的时间平均值，称为声强，其单位为 $\mathrm{W/m^2}$。所以，声能流

密度 w 实际上就是声强 I 的瞬时值, 声强 I 和声能流密度 w 都是矢量, 它们的指向就是声传播的方向。

对于在声场中一点 A, 定义声强为

$$I_r = p_A u_r$$

式中, I_r 是 A 点在 r 方向上的声强; p_A 是 A 点的声压; u_r 是 A 点在 r 方向上的空气质点振动速度。

声强是用以 10 为底的对数标度来度量的, 称为声强级 (dB), 用 L_I 表示, 其定义为

$$L_I = 10\lg \frac{I}{I_0}$$

式中, I 是声强 (W/m²); I_0 是基准声强, $I_0 = 10^{-12}$ W/m²。

由式可知, 声强级每变化 20dB, 相对于声强变化 10 倍。

2.4.2 有功声强与无功声强

瞬时有功声强 $I_a(x,t)$ 为声压 p 和与其同向的质点振速 u_b 的乘积, 即

$$I_a(x,t) = pu_b = -\frac{p_a^2}{\rho_0 \omega} \frac{\partial \phi}{\partial x} \cos^2(\omega t + \phi) \tag{2-25}$$

瞬时无功声强 $I_r(x,t)$ 为声压 p 和与其相位差 $\frac{\pi}{2}$ 的质点振速 u_r 的乘积, 即

$$I_r(x,t) = pu_b = -\frac{1}{\rho_0 \omega} \frac{\partial p_a^2}{\partial x} \sin 2(\omega t + \phi) \tag{2-26}$$

分别取上式的时间平均值, 得到有功声强 I_a 为

$$I_a = -\frac{p_a^2}{2\rho_0 \omega} \frac{\partial \phi}{\partial x} \tag{2-27}$$

而无功声强为

$$I_r = 0$$

瞬时有功声强的时间平均值不为零, 所以有功声强是传输功率的; 而瞬时无功声强的时间平均值为零, 它不传输功率, 只是在原地做声能振荡。

有功声强是和声压的相位梯度 $\partial \phi / \partial x$ 成正比的, 当声场中声压的相位梯度为零时就不存在有功声强, 而只有无功声强。驻波就是典型的这种现象。

无功声强是和声压振幅平方的梯度 $\partial p_a^2 / \partial x$ 成正比的, 当声场中声压振幅处处相等时, 其梯度为零, 此时不存在无功声强, 只有有功声强。这种情况只是在理想介质中的平面声波中存在。

实际上, 没有损耗的平面声波是不可能存在的, 纯驻波也是不易存在的。严格来讲, 有功声强和无功声强在任何情况下都同时存在, 只不过根据实际情况各

有强弱而已。

2.5 声强测量技术

声强测量方法可以分为两类：一类是将传声器和直接测量质点速度的传感器相结合，可简称为 P–U 法；另一类是双传声器法，即将两个传声器组合到一起进行声强测量的方法，可称为 P–P 法。

2.5.1 P–U 法

P–U 法声强测量技术是根据流体声强定义设计制作的，它由一个压力传感器和一个速度传感器组成。测量时，声强测量仪直接输出声强和质点振速信号，将其相乘则获得声强测量仪轴向瞬态流体声强值。图 2-1 所示为广泛使用的 P–U 声强测量仪的原理构造示意图。

图 2-1 中，S 和 R 分别表示声波发射器和接收器，d 是发射器到接收器之间的距离，M 表示压力传感器。测量时，压力传感器放置在被测点处，声强测量仪轴线方向与指定方向一致，两平行声波由两发射器同时发射，相向传播，经过距离 d 后分别到达接收器。在没有声波时，超声波由发射到接收所经历的时间为 $t_0 = d/c$。若声强测量仪器所在的空间有声波传播时，则在声波经历路径上任意点处的声波传播速度为

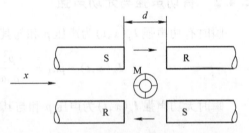

图 2-1 P–U 声强测量仪的原理构造示意图

$$v(x,t) = c \pm u_x(x,t) \tag{2-28}$$

式中，u_x 是质点振速在声强仪轴线上的投影分量。

其相位差为

$$\delta\phi = \omega_u \left[\frac{d}{c-u} - \frac{d}{c+u} \right] = \omega_u d \frac{2u}{c^2 - u^2} \tag{2-29}$$

式中，ω_u 是超声波频率。

当 $u \ll c$ 时，上式可简化为

$$\delta\phi = \frac{2\omega_u du}{c^2} \tag{2-30}$$

可以测出的相位差 $\delta\phi$ 就是 u 的模拟量。

由此，可计算出质点振速在声强测量仪轴上的投影分量为

$$u_x = \frac{c^2 \delta\phi}{2\omega_u d} \tag{2-31}$$

按式（2-31）设计模拟电路，将相位差转换为一个质点振速信号。通过压力传感器可同时测出声压，两者相乘后就可以得到瞬时声强的模拟量，再求时间内的平均值就可以得到有功声强。

2.5.2 P–P 法

典型的面对面式双传声器探头与声源的位置关系如图 2-2 所示。

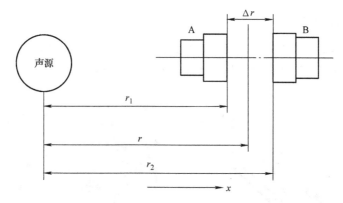

图 2-2 典型的面对面式双传声器探头与声源的位置关系

两传声器 A 与 B 之间相距一小段距离，设两传声器声学中心的连线方向为 x，当声波沿 x 方向行进时，所测出的两个声压 $p_A(t)$ 及 $p_B(t)$ 之间存在着声压梯度。

由于

$$\frac{\partial p}{\partial x} = -\rho_0 \frac{\partial u}{\partial t} \tag{2-32}$$

有

$$u(t) = -\frac{1}{\rho_0} \int \frac{\partial p(t)}{\partial x} dt$$

设两传声器声学中心之间的距离为 Δr，当 Δr 远远小于波长 λ 时，$\dfrac{\partial p(t)}{\partial x}$ 可以近似改写为 $\dfrac{p_B(t) - p_A(t)}{\Delta r}$，于是上式可改写为

$$u(t) = -\frac{1}{\rho_0 \Delta r} \int [p_B(t) - p_A(t)] dt \tag{2-33}$$

两传声器之间中点的声压可以认为是 $p_A(t)$ 及 $p_B(t)$ 的平均值，即

$$p(t) = \frac{p_A(t) + p_B(t)}{2} \tag{2-34}$$

则 x 方向上的瞬时声强为

$$I_x(t) = p(t)u(t) = \frac{1}{2\rho_0 \Delta r}[p_A(t) + p_B(t)]\int[p_A(t) - p_B(t)]dt \tag{2-35}$$

2.6 基于声强的直流驱动电机噪声研究

2.6.1 试验设备

声强测试系统主要包括硬件系统和软件系统。其中，硬件系统包括声强测量传感器和数据采集设备，分别如图 2-3a 和图 2-3b 所示。

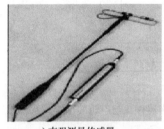
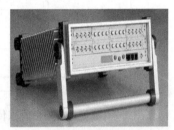

a) 声强测量传感器　　　　b) MKⅡ数据采集设备

图 2-3　声强测量传感器和数据采集设备

声强测量传感器采用德国 BBM 系列两个 1/2in（1in = 0.0254m）传声器作为声强探头，型号为 SIS91 型，传声器中心距离 Δr 为 12mm，其动态范围为 16 ~ 146dB（A），传感器频率响应为 0.5Hz ~ 20kHz。信号通过 MKⅡ的数据采集前端，最后在 PC 上利用专用软件进行分析和计算。

试验在电动汽车动力驱动系统测试平台上进行，通过模块配置可适应不同车型电动汽车电传动的综合测试。电动汽车动力驱动系统测试平台原理图及主要构成模块如图 2-4 所示。被测试驱动电机、转速转矩仪、增/减速箱、机械测功机和电涡流测功机之间采用弹性联轴器顺序连接以传递动力。直流电源、电机控制器与驱动电机之间采用电气连接，测功机控制器与测功机之间也是电气连接，用以实现对测功机的控制。中央计算机完成测试平台各种信号的采集和测试平台的控制，采集的主要信号包括电压 U、电流 I、转速 n、转矩 T、功率 P、温度 T、压力 E 等，并完成控制信号的传送。台架测控系统测试平台配备有电桥、功率分析仪、数字示波器、记录仪等记录检测设备。

第 2 章
基于声强测量的电动汽车驱动电机噪声研究

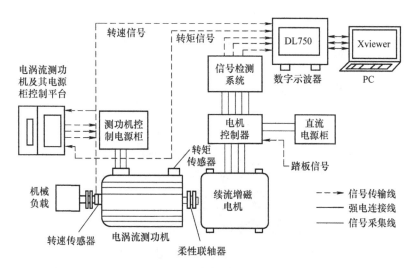

图 2-4 电动汽车动力驱动系统测试平台原理图及主要构成模块

2.6.2 试验过程

试验用电动汽车驱动电机是直流驱动电机,具体是带永磁和增磁绕组混合励磁的直流驱动电机(简称续流增磁驱动电机)系统。

该驱动电机是北京理工大学电动车辆国家工程实验室自主研发的一种新型的电机驱动控制模式,其基本参数如下:额定功率为 125kW,额定电压为 300V,额定转速为 2000r/min,外形尺寸为 $\phi 466mm \times L885mm$,体积为 $V = \pi D^2 L/4 = 0.146m^3$,驱动电机重量为 530kg,控制器额定输入直流电压为 384V,试验时电压设定为 300V,转速为 $n = 500r/min$,转矩为 $T = 370N \cdot m$。

在测量前,对两个传声器测量通道的相位和增益进行校正,以便保证测量误差小于 1dB。根据 GB/T 16404—1996《声学 声强法测定噪声源的声功率级 第 1 部分:离散点上的测量》设计并进行试验:测试网格为 $10mm \times 10mm$,共 7 行 13 列 91(7×13)个网格。对每个测点取在 5s 时间内测到的数据进行平均。为了便于验证,选取驱动电机左右两侧两个测量面以进行对比。其中一侧的测试实际网格图如图 2-5 所示。

2.6.3 试验结果及分析

利用 BBM 系列软件对数据进行分析,并将测试驱动电机及测试网格照片作为背景,根据不同频段得到驱动电机右侧声强云图如图 2-6 所示,所有结果经过 A 计权。

电动汽车用驱动电机系统的表面声学特性用其测量面的声强云图来描述,无

图 2-5 试验用测试驱动电机及测试网格
1—变速器 2—电机中部 3—风扇

论从哪一面看来,各频率段噪声源分布结果相同,具体分布情况如下:

1)在 100~400Hz,风扇处的最大声强为 69.8dB,变速器的最大声强为 68.6dB,驱动电机中间位置处的最大声强为 68dB。由此可以知道主要噪声源来自风扇,而且声源有指向性,向远离驱动电机的方向辐射。

2)在 400~1600Hz,风扇处的最大声强为 82.4dB,变速器的最大声强为 84.2dB,驱动电机中间位置处的最大声强为 81dB。由此可以知道主要噪声源来

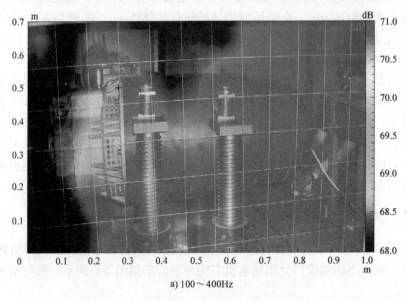

a) 100~400Hz

图 2-6 驱动电机右侧声强云图(见彩插)

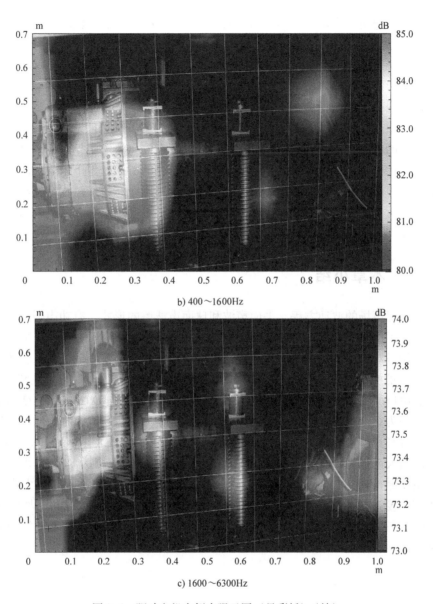

b) 400~1600Hz

c) 1600~6300Hz

图 2-6　驱动电机右侧声强云图（见彩插）（续）

自变速器。

3）在 1600~6300Hz，风扇处的最大声强为 73.5dB，变速器的最大声强为 74dB，驱动电机中间位置处的最大声强为 73.2dB。由此可以知道风扇和变速器均为噪声源，但相比较而言，变速器噪声为主要成分。

声强测试结果表明，两面测试得到的结果是相同的，定位比较准确，并且可以看到风机辐射噪声的指向性；在低频结果中，还可以看到地面及阻挡物的反射声。

由此可见，电动汽车用续流增磁驱动电机发生的噪声在 500r/min 时，主要是空气动力噪声和固体振动噪声，其主要噪声源位置为冷却风扇和变速器。另外由于地面混响效应，整个谱图自下而上呈递减趋势。

同时通过试验也可以看到，基于声强的噪声测试虽然在理论上具有不受环境噪声影响的优点，但无论是采用国际标准中的分布测点法还是扫描法，其测量时间都相对比较长，其测量数值都是在假定工况不变的稳态条件下来进行的，这就限定了噪声测试需要在稳态运行工况下来进行。对于瞬态工作过程或要求进行即时测量分析的条件下，基于声强的测量方法就受到了应用限制，后续的研究将通过传声器阵列来同步采集数据以重点解决快速测量和分析这个问题。

2.7 本章小结

本章对声场的波动方程、平面声波和球面声波解的形式、有功声强和无功声强等进行了论述，分析了声强测量技术中的 P–U 法和 P–P 法。最后基于声强理论和设备对续流增磁驱动电机进行了电压为 300V、转速为 500r/min、转矩为 370N·m 的噪声试验。通过分析，得出电动汽车用续流增磁驱动电机在 500r/min 时的噪声情况：在 100~400Hz 低频时，风扇处的最大声强为 69.8dB，变速器的最大声强为 68.6dB，驱动电机中间位置处的最大声强为 68dB，由此可以知道主要噪声源来自风扇；在 400~1600Hz 中频时，风扇处的最大声强为 82.4dB，变速器的最大声强为 84.2dB，驱动电机中间位置处的最大声强为 81dB，由此可以知道主要噪声源来自变速器；在 1600~6300Hz 高频时，风扇处的最大声强为 73.5dB，变速器的最大声强为 74dB，驱动电机中间位置处的最大声强为 73.2dB，其主要噪声源位置为冷却风扇和变速器。噪声类别主要是空气动力噪声和固体振动噪声。

第 3 章 传声器阵列与阵列信号处理

传声器阵列测量技术是一个特殊的声学测量分支,所谓传声器阵列就是由多个在空间确定的位置上排列的一组传声器,由这个阵列测量出空间的声场信号,经过特殊的数据处理,可以有效去除周围噪声的影响而得到更多的有关声源的信息。

3.1 传声器阵列理论基础

3.1.1 阵列的指向性

阵列的指向性是指其发射响应(电压响应或功率响应)或接收响应(声压灵敏度或功率灵敏度)的幅值随方位角变化的一种特性。通常,它在某个参考方向上有一个极大值。一般用阵列的指向性函数和指向性图来表征。

根据声场理论,发射阵响应指向性的形成是由于其各部分发射的声波在自由场远场区中干涉叠加的结果;接收阵响应指向性的形成是由于接收阵处于待测声源的远场区,到达接收阵表面上的声波产生的总作用力是各子波干涉叠加的结果。

1. 指向性函数

指向性函数是描述发射阵辐射声场(自由远场)或接收阵灵敏度的空间分布函数。指向性函数也称作指向性图案、方向特性函数等。

对于接收阵,归一化输出电压指向性函数和归一化功率响应指向性函数分别用符号 $D(a,\theta)$ 和 $b(a,\theta)$ 表示,它们的表达式为

$$D(a,\theta) = \frac{|V(a,\theta)|}{|V(a_0,\theta_0)|} \tag{3-1}$$

$$b(a,\theta) = \frac{|V^2(a,\theta)|}{|V^2(a_0,\theta_0)|} \tag{3-2}$$

式中,$|V(a,\theta)|$ 是当接收阵位于待测声源远场区,声波沿 (a,θ) 方向入射

时，接收阵输出电压的幅值；$|V(a_0,\theta_0)|$是声波沿接收阵最大响应方向(a_0,θ_0)入射时，接收阵输出电压的幅值；$|V^2(a,\theta)|$和$|V^2(a_0,\theta_0)|$分别是在(a,θ)和(a_0,θ_0)方向上接收阵输出电压平方的幅值。

2. 指向性图

描述阵指向性函数的几何图形称作指向性响应图，简称指向性图（或称波束图）。根据指向性函数的定义，指向性函数取值范围为$0 \leq D(\alpha,\theta) \leq 1$，$0 < \Omega < 4\pi$，$\Omega$为空间立体角，因此指向性图中主波束（最大值所在的波束）的最大值取为相对比值1。图3-1所示为入射信号的波束方向图。

在阵指向性图中，主瓣方向是指向性函数$D(\theta)$达到极大值的方向，从主瓣方向开始，$D(\theta)$下降到$1/\sqrt{2}$的地方（假定$\max[D(\theta)]=1$），

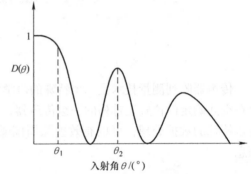

图3-1 入射信号的波束方向图

称为主瓣半宽度。$D(\theta_0) = 1/\sqrt{2}$，于是$2\theta_0$就叫作主瓣宽度，也叫作半功率点宽度。在有些特殊场合，如果$D(\theta)$有零点，也把主瓣附近的第一个零点的宽度叫作主瓣宽度。

在$D(\theta)$曲线中，除$D(\theta)$为极大值外的次极大值都称为旁瓣。旁瓣与主瓣的比值被称作旁瓣高度。最大的旁瓣出现在θ_1方向。

3.1.2 阵列增益

通过波束成形，可以增强有用信号，抑制干扰信号。其改善的程度用阵列增益AG表示。

$$AG = 10\log\frac{(SNR)_A}{(SNR)_E}$$
$$= 10\log(SNR)_A - 10\log(SNR)_E \tag{3-3}$$

式中，$(SNR)_A$是基阵输出端的信噪比；$(SNR)_E$是单传声器上的信噪比。

3.1.3 距离分辨力

两个或两个以上邻近目标在距离上区分开来的能力称为距离分辨力。例如，先分析固定"点目标"的距离分辨力，即分辨参数矢量为$v = [\tau,0]^T$，假设以目

标"1"为基准,目标"2"相对于目标"1"具有时延 $+\tau$,即

$$u(t,v_1) = u(t); u(t,v_2) = u(t-\tau)$$

令 $\varepsilon(v_2,v_1)$ 为点 $u(v_2)$ 对点 $u(v_1)$ 的距离,定义 $\chi(v_2,v_1) = \int_{-\infty}^{\infty} u(t,v_1)u^*(t,v_2)dt$ 为复相关函数,则距离模糊函数为

$$\chi(\tau,0) = \int_{-\infty}^{\infty} u^*(t)u(t-\tau)dt = \int_{-\infty}^{\infty} u(t)u^*(t+\tau)dt \quad (3-4)$$

式(3-4)表明,唯一影响距离分辨力的是函数 $\chi(\tau,0)$。当 $\tau \neq 0$ 时,$|\chi(\tau,0)|$ 随 τ 增大而下降得越迅速,距离分辨性能越好。当 $\tau = 0$ 时,$\chi(\tau,0) = \chi(0,0) = 1$,两个目标完全重合,显然无法分辨。通常 $u(t)$ 不一定是能量归一化信号,此时,目标距离分辨力常用 $|\chi(\tau,0)^2/\chi(0,0)^2|$ 来衡量,当 $|\chi(\tau,0)^2/\chi(0,0)^2| \approx 1$ 时,说明目标很难分辨,当 $|\chi(\tau,0)^2/\chi(0,0)^2| \approx 0$ 时,目标很容易分辨。

在传声器阵列中,阵列在某方向上对信号的分辨力与在该方向附近阵列方向矢量的变化率直接相关。在方向矢量变化较快的方向附近,随信号角度变化阵列接收数据变化也大,相应的分辨力也高。表征分辨力的量 $D(\theta)$ 为

$$D(\theta) = \left\|\frac{d\alpha(\theta)}{d\theta}\right\| \propto \left\|\frac{d\tau}{d\theta}\right\| \quad (3-5)$$

$D(\theta)$ 越大,表明在该方向上的分辨力越高。

当传声器阵列的指向特性的主瓣比较尖,而侧向的旁瓣比较小时,可以使传声器阵列具有较好的空间指向性,从而达到较高的空间分辨率,避免空间混叠。而当传声器阵列的指向特性产生较多附加旁瓣,特别是指向特性在中高频率范围内会含有很多旁瓣时,此时传声器阵列会产生较大的空间混叠,空间分辨率较低。

3.1.4 角分辨率

角分辨率是指成像系统或系统的一个部件的分辨能力,即成像系统或系统元件能有差别地区分开两相邻物体最小间距的能力。分辨本领一般用成像系统对两个最小可辨目标之间所张角度的大小表示,通常用测度角的弧度系统描述,亦称角分辨本领(或角分辨率)。

$$角分辨率 = \frac{d}{L}$$

式中,d 是弧长(mm),即分辨相邻物体的最小距离;L 是观察点到分辨物体的距离(mm)。

角分辨率与波长成反比,与阵列的直径或者孔径成正比,就是说波长越长,分辨率越低,孔径越大,分辨率越高。

3.2 阵列信号处理

阵列信号处理方法是信号处理领域的一个重要分支,其应用最广泛的是波束成形方法,它的研究要追溯到第二次世界大战,是在研究雷达、声呐的测向问题中发展起来的。在近 40 年来得到迅速发展,其应用涉及雷达、通信、声呐、地震、勘探以及生物医学工程等众多军事及国民经济领域。

传声器阵列测量技术是基于阵列的指向性原理,对物体表面的声源分布进行测量,找到主要噪声源的位置,得到其辐射声场的主要特征及其声源产生的物理机制。此外,可以通过传声器阵列的优化设计,设法减少声源识别过程中的空间混淆,使声源识别的空间分辨率获得更大的提高。它的最大特点是声源定位准确,不但能够得到需要分析的整个物体表面的声场辐射特性,而且能够对声源进行频谱上的分析,得到声源所包含的主要频率成分的分布情况,并且在整个测量过程中不需要对被测物体进行拆装,也不需要采用特殊的声源隔离方法。

3.2.1 传声器阵列输出信号的自相关函数、功率谱密度

功率谱密度 $S_p(\omega)$(其中 $\omega = 2\pi f$)是频率 f 的函数,与自相关函数 $R_p(\tau)$ 是一对傅里叶变换,即

$$S_p(\omega) = \int_{-\infty}^{\infty} R_p(\tau) e^{-j\omega\tau} d\tau \tag{3-6}$$

$$R_p(\tau) = \frac{1}{2\pi} \int_{-\infty}^{\infty} S_p(\omega) e^{j\omega\tau} d\omega \tag{3-7}$$

阵列输出信号 $p(t_f)$ 的自相关函数 $R_p(\tau)$ 可以由式(3-8)计算

$$R_p(\tau) = \overline{p(t_f)p(t_f+\tau)} = \frac{1}{t_2-t_1}\int_{t_1}^{t_2} p(t_f)p(t_f+\tau) dt_f \tag{3-8}$$

阵列输出信号 $p(t_f)$ 的均方根实际上就是延迟时间为零时(即 $\tau = 0$)的自相关函数,有

$$\overline{p^2} = R_p(0) \tag{3-9}$$

3.2.2 传声器信号的时域平均

在离散频率 $f_s = n\Delta f(n = 1, 2, \cdots, N)$ 上的离散的功率谱 $W(f_s)$ 可以通过应用对等时间间隔上的传声器阵列的输出信号 $p(t_f)$ 做离散傅里叶变换的方法得到,而离散傅里叶变换通常采用快速傅里叶变化(即 FFT)来实现。

$$p(t_f) = \frac{\sum_{m=1}^{M} p_m(t_f + t_{pm}) w_m \frac{r_m}{r_{\text{ref}}}}{\sum_{m=1}^{M} w_m \frac{r_m}{r_{\text{ref}}}} = \frac{1}{G} \sum_{m=1}^{M} p_m(t_f + t_{pm}) w_m \frac{r_m}{r_{\text{ref}}} \quad (3\text{-}10)$$

式中，p_m 是第 m 个传声器的声压幅值；t_f 是声源发射声波的时刻；t_{pm} 是声传播时间；w_m 是第 m 个传声器信号的加权因子；r_m 是传声器阵列声源中心到第 m 个传声器在 t_f 时的空间距离，r_{ref} 是参考声辐射距离。

式（3-10）是对声源 k（可以是静止声源也可以是运动声源），即传声器阵列的聚焦点，在声辐射时刻 t_f 时的时域传声器信号的平均计算。随时间变化的阵列输出信号的频谱可以通过对式（3-10）的结果进行傅里叶变换得到。如果对于传声器阵列指向的声源点 k，信号采样的时间范围是 $(t_2 - t_1)$，对应采样点数是 N_1，用于傅里叶变换的采样点数假定是 N（N 个采样点是从总的采样点数 N_1 个中截取的，$N \leq N_1$），N 个采样点的信号经 FFT 之后就会得到一个包含 $N/2$ 个复值频谱的矢量，把这个复值矢量与它的共轭矢量相乘就得到了噪声信号的功率谱。在总的采样样本 N_1 个点内连续 L 次截取 N 个采样点（可以是部分重叠地连续截取），重复地进行这样的计算，则声源点 k 的噪声功率谱就可由 L 次结果的平均值得到，即

$$W_k(f_s) = \frac{1}{L} \sum_{l=1}^{L} W_{lk}(f_s) \quad (3\text{-}11)$$

式中，$W_{lk}(f_s)$ 是由第 l 次的 N 个采样点计算的功率谱。

交错重叠的 FFT 计算方法的使用可以使采集到的数据利用率大大提高。在信号采样频率与采样时间相同的情况下，可以保证较高的频域上的分辨率。

当声源为静止声源时，使用交错重叠的 FFT 计算方法可以减少数据采集时间，减少数据采集量，避免大容量存储设备的使用和长时间信号采集造成试验仪器过热而引起的试验仪器的不稳定。特别是，当用传声器阵列技术处理运动声源的复杂动态过程时，要用一个完全的非定常的方法进行分析几乎是不可能的。为此，必须将整个复杂的动态过程分解为许多小的单元过程，并将每一个小的单元过程作为稳态过程处理，认为在此稳态过程中声辐射的参数不变。为了充分保证这些单元过程中声辐射的参数稳定，希望对每个单元过程的采样、分析时间要足够短，而同时又需要保证每个单元过程有足够大的数据量以便于分析。应用交错重叠的 FFT 计算方法，就可以有效地解决数据的利用率问题，也保证了可以得到较高的频域上的分辨率。

根据式（3-10）计算阵列的输出值 $p(t_f)$，当声源为静止声源时，总的采样点数 $N_1 = N_2$ 满足 $N_2 = (t_2 - t_1)/\Delta t$，其中 $t_2 - t_1$ 是采样的信号时间范围，$\Delta t = 1/f_{\text{sampling}}$ 是在采样频率为 f_{sampling} 时的采样时间间隔，这样便可以直接采用式（3-10）

计算 $p(t_f)$。在 L 个子时间段上重复进行 FFT，经过平均便可得到一个声源点的功率谱。

3.2.3 波束成形算法

"延迟－求和"波束成形算法是最古老也是最简单的阵列信号处理算法，直到今天，这种算法仍然是一种强有力的阵列信号处理方法。"延迟－求和"算法的基本思想非常简单，如果一个传播的信号被传声器阵列所接收，那么阵列中所有传声器信号之间的关联峰值就是把每个传声器信号用对应的传播时间延迟后的叠加值，这样的叠加实际上就是让所有的传声器在延迟时间感受到指定声源的同一个瞬时波前。相对于信号噪声或其他位置的声源信号，"延迟－求和"波束成形算法得到的阵列输出信号聚焦到了指定声源，并加强了指定声源点的信号（即产生了一个聚焦方向或称主波瓣）。延迟－求和算法原理如图 3-2 所示。

M 个传感器，位于空间不同的位置，定义它们的几何中心为坐标原点

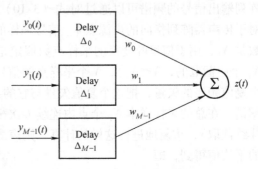

图 3-2 延迟－求和算法原理

$$\sum_{m=0}^{M-1} \vec{x_m} = 0$$

则

$$z(t) = \sum_{m=0}^{M-1} w_m y_m(t - \Delta_m)$$

根据声源是在远场或近场的区别，波束成形算法也是有区别的。如果声源点靠近传声器阵列，即在近场，那么相对于传声器阵列的声波波前就是弯曲的，对于每个传声器声波传播方向就是互不相同的，传感器阵列感受到的就是一个球面波。对于远场，观察点或接收阵的声波可看作相互平行的声线（当射线声学适用条件满足时），那么相对于每个传声器，声波传播方向就可认为相同，传声器阵列感受到的就是一个平面波。

1. 远场波束成形算法

当声源距离传声器的距离远小于声波波长，认为是远场，可假设声波为平面波，一般主要采用时域的基于远场分析的"延迟－求和"波束成形算法。

该算法的基本思想是基于对平面波传播特性的分析，针对假定的声源位置，将阵列中各路传声器的测量信号延迟合适的量并累加起来，在声源位置假定正确

的情况下,声源信号将得到最大限度的加强。

声阵列技术测量原理如图 3-3 所示,假定平面 S 紧贴在发声物体的外表面,在识别出真正的、主要的噪声源之前,可以认为其噪声都是从假想面 S 发出的。在此假定条件下,只要分析了噪声源在 S 面上的分布,就达到了识别发声物体表面噪声源的目的。

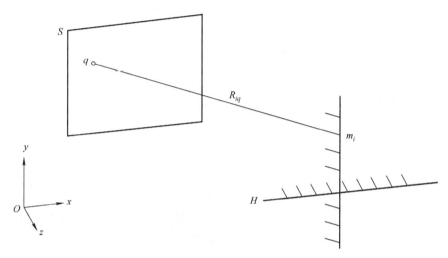

图 3-3 声阵列技术测量原理

假定 S 面上任意一点 q 存在一个点源,使用阵列 H 对该点进行聚焦,如果 q 确实存在声源,那么各传声器测量到的来自声源点 q 的信号的相位关系是确定的。某一个传声器 m_i 测量到的声压 $p_i(t)$ 可以表示为

$$p_i(t) = s_{iq}(t) + e_i(t) \tag{3-12}$$

式中,$s_{iq}(t)$ 是传声器 m_i 测量到的来自声源点 q 的声压信号;$e_i(t)$ 是干扰信号,包括 q 点以外其他声源点的干扰噪声以及随机噪声两部分。

用延迟累加波束成形方法对各传声器测量信号进行处理,可得到 q 点声源的声场值。使用相同的处理方法遍历整个 S 面,就可以得到整个 S 面的声场分布,从而判断出发声体表面哪个部位存在主要的辐射源。

如图 3-3 所示,q 点是平面 S 上任意一点,它的坐标为 (x_q, y_q, z_q);传声器阵列 H 中传声器 m_i 的空间位置为 (x_i, y_i, z_i)。基于平面波传播理论,声源点 q 在 t 时刻发射的声波到达传声器 m_i 的时刻是 $t + R_{iq}/c$。其中 R_{iq} 是 t 时刻声源点 q 到传声器 m_i 的空间距离,R_{iq} 表达式为

$$R_{iq} = \sqrt{(x_q - x_i)^2 + (y_q - y_i)^2 + (z_q - z_i)^2} \tag{3-13}$$

根据"延迟 – 求和"波束成形原理,平面阵列 H 聚焦的声源点 q 的波束成形输出为 p_q

$$p_q = \frac{1}{M}\sum_{i=1}^{M}\frac{R_{iq}}{R_{ref}}w_i p_i\left(t+\frac{R_{iq}}{c}\right) = W^T P_q \qquad (3-14)$$

其中

$$W = \frac{1}{M}[w_1, w_2, \cdots, w_M]^T \qquad (3-15)$$

$$P_q = \left[\frac{R_{1q}}{R_{ref}}p_1\left(t+\frac{R_{1q}}{c}\right), \frac{R_{2q}}{R_{ref}}p_2\left(t+\frac{R_{2q}}{c}\right), \cdots, \frac{R_{Mq}}{R_{ref}}p_M\left(t+\frac{R_{Mq}}{c}\right)\right]^T \qquad (3-16)$$

式中，R_{ref} 是参考距离；c 是声速；w_i 是阵列的空间窗函数。

将平面 S 离散为 N 个声源点，对每个声源进行上面算法所述的计算过程。遍历 S 面，将得到整个面的声场分布，从而识别出声源位置。

由式（3-14）得到 p_q 后，进一步可求得阵列 H 对声源点 q 聚焦输出有效值的平方

$$P_{eq}^2 = E[p_q^2] = W^T E[p_q p_q^T] W \qquad (3-17)$$

式（3-17）得到的是声源点 q 在所有频率下的聚焦输出有效值的平方，也可以用分频段的方法来分析聚焦输出的有效值。

通过对"延迟 – 求和"波束成形算法的计算公式进行傅里叶变换，并求得其传递函数，就可以得到传声器阵列的波束模式。

2. 近场的波束成形算法

在实验室条件下，声源与传声器阵列的距离一般小于 5m，故可近似认为是近场。对于常规的阵列结构，声源均位于传声器阵列的近场范围内。在近场范围内，阵列波前就不能再简单地认为是平面波，采用球面波前模型才更加准确。

在近场条件下，传声器接收到的信号不仅有相位的差异，幅度差异也十分明显。传声器阵列接收信号模型如图 3-4 所示。假设系统有 N 个声源，M 个传声器。

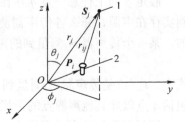

图 3-4 传声器阵列接收信号模型
1—第 j 个声源 2—第 i 个传声器

设声源为点声源，位置矢量分别为 $[S_1, S_2, \cdots, S_N]$，其中 $S_i = r_i[\sin\theta_i\cos\Phi_i \quad \sin\theta_i\sin\Phi_i \quad \cos\theta_i]^T$，$\theta_i$ 表示第 i 个声源与 z 轴的夹角，Φ_i 表示第 i 个声源在 xOy 平面的投影与 x 轴的夹角。传声器的位置矢量分别为 $[P_1, P_2, \cdots, P_M]$，其中 $P_1 = (0,0,0)$，$P_i = (x_i, y_i, z_i)$。

设第 j 个点声源发出的信号为 $S_j(t)$，则第 i 个传声器接收到的来自第 j 个点声源的信号为

$$f_{ij}(t) = \partial \frac{1}{r_{ij}} S_j(t - \tau'_{ij}) \qquad (3-18)$$

式中，∂ 是声音在大气中传播的幅度衰减因子；τ'_{ij} 是信号的时延；r_{ij} 是第 i 个传声器与第 j 个声源之间的距离。

则第 1 个传声器接收到第 j 个声源的信号 $f_{1j}(t)$ 为

$$f_{1j}(t) = \partial \frac{1}{r_{1j}} S_j(t - \tau'_{1j}) \tag{3-19}$$

对式（3-18）和式（3-19）进行傅里叶变换，可得

$$f_{ij}(\omega) = \partial \frac{1}{r_{ij}} S_j(\omega) e^{-j\omega \tau'_{ij}} \tag{3-20}$$

$$f_{1j}(\omega) = \partial \frac{1}{r_{1j}} S_j(\omega) e^{-j\omega \tau'_{1j}} \tag{3-21}$$

将式（3-20）代入式（3-21）进行傅里叶反变换，可得

$$f_{ij}(t) = \frac{r_{1j}}{r_{ij}} f_{1j}[t - (\tau'_{ij} - \tau'_{1j})] \tag{3-22}$$

定义第 i 个传声器接收到第 j 个声源的相对幅度衰减因子 a_{ij} 为

$$a_{ij} = \frac{r_{1j}}{r_{ij}} \tag{3-23}$$

定义第 i 个传声器接收到第 j 个声源的相对时间延迟因子 τ_{ij} 为

$$\tau_{ij} = \tau'_{ij} - \tau'_{1j} \tag{3-24}$$

则第 i 个传声器接收到第 j 个声源的信号可表示为

$$f_{ij}(t) = a_{ij} f_{1j}(t - \tau_{ij}) \tag{3-25}$$

由图 3-4 的几何关系可知

$$a_{ij} = \|S_j\| \|P_i - S_j\| \tag{3-26}$$

$$\tau_{ij} = (\|S_j - P_i\| - \|S_j\|)/c \tag{3-27}$$

式中，c 是声速，取 343m/s；$\|\ \|$ 是取向量的范数。

则第 i 个传声器的接收信号为

$$f_i(t) = \sum_{j=1}^{N} a_{ij} f_{1j}(t - \tau_{ij}) + n_i(t) \quad i = 1, \cdots, M; j = 1, \cdots, N; a_{1j} = 1, \tau_{1j} = 0 \tag{3-28}$$

式中，$n_i(t)$ 是第 i 个传声器接收到的干扰信号。

对于稳态工况，驱动电机系统的噪声为平稳信号，因此，可以选取一个时间段内的数据作为分析数据。对 $f_i(t)$ 采样并对数据进行短时傅里叶变换，可以得到

$$f_i(\omega, t) = \sum_{j=1}^{N} a_{ij} f_{1j}(\omega, t) e^{-j\omega \tau_{ij}} + n_i(\omega, t) \quad i = 1, \cdots, M; j = 1, \cdots, N; a_{1j} = 1, \tau_{1j} = 0 \tag{3-29}$$

式中，$f_{1j}(\omega,t)$为第1个传声器接收到来自第j个信号的短时傅里叶变换；$n_i(\omega,t)$是干扰信号的短时傅里叶变换。

整个阵列的接收信号为

$$F(\omega,t) = \begin{bmatrix} 1 & \cdots & 1 \\ a_{21}e^{-j\omega\tau_{21}} & \cdots & a_{2N}e^{-j\omega\tau_{2N}} \\ \vdots & & \vdots \\ a_{M1}e^{-j\omega\tau_{M1}} & \cdots & a_{MN}e^{-j\omega\tau_{MN}} \end{bmatrix} \begin{bmatrix} f_{11}(\omega,t) \\ f_{12}(\omega,t) \\ \vdots \\ f_{1N}(\omega,t) \end{bmatrix} + \begin{bmatrix} n_1(\omega,t) \\ n_2(\omega,t) \\ \vdots \\ n_M(\omega,t) \end{bmatrix}$$

$$= [a(\omega,r_1,\theta_1,\phi_1) \quad \cdots \quad a(\omega,r_N,\theta_N,\phi_N)] \begin{bmatrix} f_{11}(\omega,t) \\ f_{12}(\omega,t) \\ \vdots \\ f_{1N}(\omega,t) \end{bmatrix} + \begin{bmatrix} n_1(\omega,t) \\ n_2(\omega,t) \\ \vdots \\ n_M(\omega,t) \end{bmatrix}$$

$$= AS + D \tag{3-30}$$

式（3-30）代表的近场信号模型采用精确的球面波模型，综合了声源到阵列的距离、声源的方向以及声源的频率特性，同时采用了相对幅度衰减因子和相对时延因子，使得该模型具有自回归特性。

3.2.4 基于最小能量准则通道加权系数确定

在传统的波束成形阵列信号处理方法中，各传感器通道加权系数均为1，为均匀加权，即将各通道信号直接累加后平均得到。为了提高阵列信号的分辨效果，更好地分辨主要噪声源，可以通过改变不同通道的加权系数来实现，即增加期望信源的贡献或（和）抑制掉干扰源来实现。

假设空间存在M个阵元组成的阵列，阵元的接收信号矢量$x(t)$为$x(t) = [x_1(t), x_2(t), \cdots, x_M(t)]$

各阵元的权矢量为

$$w = [w_1, w_2, \cdots, w_M]^T$$

阵列的输出为

$$y(t) = w^H x(t) = \sum_{i=1}^{M} w_i^* x_i(t)$$

则整个阵列输出的平均功率为

$$P(w) = \frac{1}{L}\sum_{t=1}^{L}|y(t)|^2 = w^H E\{x(t)x^H(t)\}w = w^H R w \tag{3-31}$$

其中 $R = E\{x(t)x^H(t)\}$

如果$w = a(\theta)$，那么它就是常规波束成形（CBF）算法，即

$$P(\theta) = a^H(\theta) R a(\theta) \tag{3-32}$$

为保证来自某个确定方向 θ_d 的信号能正确接收，而其他方向的信号或干扰被完全抑制（用数学表示就是，在保证所需方向的信号输出为一常数的条件下，使阵列的输出功率极小化），这种原则称为最小输出能量（Minimum Output Energy，MOE）准则。即

$$\begin{cases} w^H R w = 最小 \\ w^H a(\theta_d) = 1 \end{cases} \tag{3-33}$$

利用拉格朗日乘数法求解式（3-33），构造目标函数为

$$L(w) = w^H R w - \lambda [w^H a(\theta_d) - 1] \tag{3-34}$$

令式（3-34）对 w 求导，根据矩阵的微商，可得到

$$\begin{aligned} \frac{\partial L(w)}{\partial w} &= \frac{\partial \{w^H R w - \lambda [w^H a(\theta_d) - 1]\}}{\partial w} \\ &= \frac{\partial \{w^H R w\}}{\partial w} - \lambda \frac{\partial [w^H a(\theta_d) - 1]}{\partial w} \\ &= (R + R^T) w - \lambda a(\theta_d) \end{aligned} \tag{3-35}$$

并令其为零，可得出最优权矢量

$$w_{opt} = \lambda R^{-1} a(\theta_d) \tag{3-36}$$

再利用 $w^H a(\theta_d) = 1$ 可以得出常数 λ 为

$$\lambda = \frac{1}{a^H(\theta_d) R^{-1} a(\theta_d)} \tag{3-37}$$

利用式（3-37）可以得到最优通道加权因子，从而可以获得更为理想的声场信号重建图。

3.3 传声器阵列构建

传声器阵列主要由传声器和传声器架固定调节装置组成，传声器阵列构建主要包括选择传声器类型和阵列的几何结构，确定阵元间距和阵元个数等因素。

3.3.1 传声器类型的选择

在噪声声场测量过程中，传声器作为声电传感器，要求具有较高的灵敏度、平直的幅频特性、线性的相频特性、较弱的指向性和很高的信噪比。考虑到以上因素，选择如图 3-5 所示 1/2in 驻极体式声频电容传声器 MPA201。

MPA201 传声器的频率响应控制范围是 IEC 61672 CLASS 1 型要求范围的 1/2，可用于 IEC 61672 CLASS 1 型声级计或其他有 1 型精度要求的声学测量仪器。其主要参数为：

1）开路灵敏度：-26dB ± 2dB（50mV/Pa）。

图3-5　1/2in 驻极体式声频电容传声器 MPA201

2）频率响应：20Hz～20kHz。

3）动态范围（3%失真）：>146dB。

4）本底噪声：<16dB（A）。

5）均压孔：后均压。

6）使用温度范围：-30～80℃。

7）使用湿度范围：0～98%RH。

8）温度系数：-0.005dB/℃（0～50℃）。

9）湿度系数：-0.003dB/%RH。

10）压力系数（250Hz）：-0.004dB/kPa。

11）结构尺寸：IEC 1094-4 Type WS 2。

3.3.2　阵列结构形式的选择

在传统的阵列形式中，阵列的几何结构多为均匀直线阵、均匀圆形面阵。随着技术的不断发展，逐渐出现了（不）等间距线阵、面阵和体阵等形式，其中部分面阵列和体阵列形式如图3-6所示。

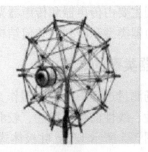

a) 均匀圆形面阵列　　　b) 球体阵列

图3-6　部分面阵列和体阵列形式

为了使其具有实用、方便处理等特点，本节采用结构简单由均匀"十"字面阵列。通常选择阵列的几何中心对着被测声源的中心位置。

3.3.3 阵元间距和个数的确定

阵元间距的选择与信号源的频率密切相关，同时也和系统的采样频率有很大关系。

在设计传声器阵列时需要尽可能满足 $d < \lambda$，其中 d 为传声器的间距，λ 为入射声波波长。此时，传声器阵列的指向特性的主瓣比较尖，侧向旁瓣比较小，具有较好的空间指向性，从而达到较高的空间分辨率，避免空间混淆。当 $d > \lambda$ 时，传声器阵列的指向特性会产生较多附加旁瓣，特别是指向特性在中高频率范围内会含有很多旁瓣，此时传声器阵列会产生较大的空间混淆，空间分辨率较低。因此，在进行传声器阵列的设计时，需要先根据声源的基本特性确定所需分析的最高频率 f_{max}，然后使传声器的间距 d 满足 $d < \lambda_{min}$ 的条件，这样才能对所需分析的高频成分取得较好的辨识效果。

考虑到人耳可听声的频率范围为 20Hz~20kHz，根据 $\lambda = c/f$，则对应的波长范围为 0.034~3.4m。综合考虑传声器的数量、测量精度和成本，在此选择传声器的间距 $d = 0.1$m，则可精确分析的最高频率可达 3.4kHz。

应综合考虑系统的成本和将来数据处理的难易程度来选择阵元个数。对传声器间距 d 相同的传声器阵列，传声器个数越多，即 N 越大，则传声器阵列的孔径越大，阵列指向特性的主瓣越尖，侧向旁瓣越小，指向性越好，整个传声器阵列的指向性也就越强，空间分辨率则越高。因此，设计传声器阵列时应该根据实际分析的需要，在条件允许的情况下，尽可能地采用数目较多的传声器构成传声器阵列。当然，增加传声器的个数会增加数据采集量、数据存储量和数据计算量，这就需要综合权衡这两方面的因素。

考虑到电动汽车用交流或直流驱动电机的投影面积一般不超过 1.0m×0.8m 的范围，在本节中，结合十字形阵列，选择 27 个传声器。这样，阵列的孔径为 1.4m×1.2m，可满足辨识的要求，具体如图 3-7 所示。

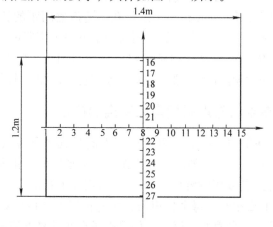

图 3-7 传声器阵列形式及传声器编号示意图

3.3.4 阵列架固定调节装置设计

传声器阵列固定及调节装置的设计，首先要考虑在一定外力干扰的情况下，传声器阵列仍能稳定不动；其次需要考虑能方便地实现传声器间距和阵列中心高度的调节，使得试验时能够方便固定和拆装。

设计的装置包括 $\phi 45mm$ 立柱和 $\phi 25mm$ 横杆。立柱通过螺纹直接安装在底座上，保证了立柱的顺利安装和整个装置的稳定性。传声器阵列架及传声器布置如图 3-8 所示。

图 3-8 传声器阵列架及传声器布置
1—立柱 2—横杆 3—底座

其中，横杆与立柱之间通过十字连接头并用螺栓固定在立柱上，十字形阵列中心高度通过调节立柱上的十字连接头位置来实现。

在立柱和横杆上，每 5mm 有一个定位孔，传声器间距的调节就是通过调整传声器在不同固定孔位的位置实现的。同时为了方便传声器位置调节和防止振动对传声器的影响，传声器与立柱和横杆定位孔之间利用加紧装置通过螺钉来连接，固定则通过在传声器与元宝螺钉之间加橡胶套过盈配合来实现。

3.3.5 阵列所在平面与声源发声面距离的确定

传声器阵列所在平面与声源发声面距离 L 满足远场条件式（3-38）即认为声源点远离传声器阵列。传声器阵列在声源点的远场区时，指向性函数定义在远场区，这样到达观察点或接收阵的声波可看作相互平行的声线（当射线声学适用条件满足时），那么相对于每个传声器，声波传播方向就可认为相同，传声器阵列感受到的就是一个平面波。反之，如果声源点非常靠近传声器阵列，即在声源点的近场区，传声器阵列感受到的是一个球面波，那么相对于传声器阵列的声波波前就是弯曲的,对于每个传声器而言,声波传播方向就是互不相同的。

$$L \gg L_0 = \frac{D^2}{\lambda} \tag{3-38}$$

式中,D 是阵列的直径;λ 是波长。

阵列的孔径为 1.4m×1.2m,考虑的波长范围为 0.034~3.4m,则 L_0 范围为 0.58~57.65m。考虑在实验室里面和一般噪声试验时的距离,本节设定传声器阵列所在平面与声源发声面的距离为 1m。

3.4 本章小结

本章综述了传声器阵列测量技术发展及其理论基础,研究了传声器阵列理论基础;依据传统的波束成形理论,根据近场和远场的不同,分别研究了基于远场和近场的波束成形算法;提出了基于输出能量最小原则的通道加权因子的确定方法。另外,选择了传声器类型为 1/2 in 驻极体式声频电容传声器 MPA201,分别确定了阵列形式为"十"字形、阵元间距 d 为 0.1m、阵元个数为 27、阵列孔径为 1.4m×1.2m 的阵列,并依此设计制作了阵列架。最后,分析了传声器阵列所在平面与声源发声面距离对测试的影响,确定了试验时传声器阵列所在平面与声源发声面距离为 1m,为后续分析提供了硬件基础。

第 4 章

驱动电机声学模型及声场分析程序

4.1 驱动电机噪声系统的声学模型

将电动汽车驱动电机作为一个系统，主要包括驱动电机本体中的绕组、轴承等部件。因此，电动汽车驱动电机噪声系统主要由驱动电机本体中的绕组产生的电磁噪声和轴承等部件产生的机械振动噪声所组成。

4.1.1 驱动电机声场模型建立

电动汽车驱动电机噪声分析系统模型如图 4-1 所示，驱动电机噪声的声源、输入与输出之间的关系如下所述，$u_i(t)$ ($i = 1, 2, \cdots, K$) 是非相干声源信号，代表驱动电机系统的不同部分，其数量 K 是未知的。$x_i(t)$ ($i = 1, 2, \cdots, N$) 是布置在可能产生噪声的部件附近的 N 个传声器测得的输入信号，其数目 N 一般应大于声源数目 K，$y(t)$ 是输出信号。

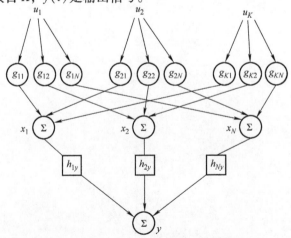

图 4-1 电动汽车驱动电机噪声分析系统模型

声源信号与输入信号表达为如下的矢量形式

$$U_{K \times 1} = (u_1, u_2, \cdots, u_K)^T \tag{4-1}$$

$$X_{N \times 1} = (x_1, x_2, \cdots, x_N)^T \tag{4-2}$$

声源与输入之间的传递函数为 $G_{N \times K}$，定义为

$$G_{N \times K} = \begin{bmatrix} g_{11} & g_{21} & \cdots & g_{K1} \\ g_{12} & g_{22} & \cdots & g_{K2} \\ \vdots & \vdots & & \vdots \\ g_{1N} & g_{2N} & \cdots & g_{KN} \end{bmatrix} \tag{4-3}$$

输入与输出之间的传递函数为 $H_{N \times 1}$，定义为

$$H_{N \times 1} = (h_{1y}, h_{2y}, \cdots, h_{Ny})^T \tag{4-4}$$

声源信号的互谱、输入信号的互谱与输出信号的自功率谱分别记为 S_{MM}、S_{xx} 与 S_y，输入与输出的互谱记为 S_{xy}，由系统模型可以得到以下表达式

$$(S_{xx})_{N \times N} = G_{N \times K}^H (S_{MM})_{K \times K} G_{K \times N} \tag{4-5}$$

$$H_{N \times 1} = (S_{xx})_{N \times N}^{-1} (S_{xy})_{N \times 1} \tag{4-6}$$

$$S_y = H_{1 \times N}^H (S_{xx})_{N \times N} H_{N \times 1} \tag{4-7}$$

式中，上标 H 表示矩阵的哈密顿转置。

上述模型中，独立声源数量 K 是未知的，而布置的传声器数量 N 大于 K，因此输入互谱矩阵 S_{xx} 的秩为 K，是一个不可逆矩阵。无法直接用式（4-6）计算传递函数 H，为此需要对矩阵 S_{xx} 做降秩处理。

对输入互谱矩阵 S_{xx} 做奇异值分解

$$(S_{xx})_{N \times N} = U_{N \times N} \ddot{E}_{N \times N} H_{N \times N}^H \tag{4-8}$$

其中，奇异值矩阵 $\ddot{E}$ 的表达式如下

$$\ddot{E} = \begin{bmatrix} \sigma_1 & & & \\ & \sigma_2 & & \\ & & \ddots & \\ & & & \sigma_N \end{bmatrix} \tag{4-9}$$

奇异值矩阵 $\ddot{E}$ 中非零奇异值 σ_i 的个数可以认为与非相干声源数量相等。由于实际工程中不可避免地存在着干扰与测量误差，零奇异值很少出现，此时可根据截断误差选取一阈值来判断非相干声源的数量 K。当确定了声源数目 K 后，式（4-6）与式（4-7）可改写为

$$H_{K \times 1} = (S_{xx}^p)_{K \times K}^{-1} (S_{xy}^p)_{K \times 1} \tag{4-10}$$

$$S_y = H_{1 \times K}^H (S_{xx}^p)_{K \times K} H_{K \times 1} \tag{4-11}$$

式中，带上标 p 的自谱矩阵 $(S_{xx}^p)_{K \times K}$ 与互谱矩阵 $(S_{xy}^p)_{K \times 1}$ 分别是 $(S_{xx})_{N \times N}$ 与

$(S_{xy})_{N\times 1}$ 的某个 K 阶子矩阵。

式（4-10）与式（4-11）可以用来计算系统传递函数与系统输出。

4.1.2 驱动电机声场模型求解

1. 偏奇异值分析方法

偏奇异值分析法通过计算修正信号的各阶偏奇异值来识别主要声源。由于输入信号互谱矩阵的奇异值 σ_i 可看作是非相干信号能量的度量，若将第 q_1（$1 \leq q_1 \leq N$）个输入传声器测得的信号 x_{q_1} 从每个输入信号中剔除，修正后的输入信号记作 $X \cdot_{q_1}$，则

$$X \cdot_{q_1} = (x_{1 \cdot q_1}, x_{2 \cdot q_1}, \cdots, x_{q-1 \cdot q_1}, 0, x_{q+1 \cdot q_1}, \cdots, x_{N \cdot q_1})^T \quad (q_1 = 1, 2, \cdots, N) \tag{4-12}$$

将 $X \cdot_{q_1}$ 的互谱 $S_{xx \cdot q_1}$ 做奇异值分解

$$S_{xx \cdot q_1} = U_1 \ddot{E}_{q_1} V_1^H \quad (q_1 = 1, 2, \cdots, N) \tag{4-13}$$

奇异值矩阵 $\ddot{E}_{q_1}$ 的对角元素 σ_{iq_1}（$1 \leq i \leq N$）定义为一阶偏奇异值，一阶偏奇异值可看作是输入在消除 x_{q_1} 后非相干信号能量的度量矩阵。矩阵 $S_{xx \cdot q_1}$ 的元素 $S_{ij \cdot q_1}$ 可由下式计算

$$S_{ij \cdot q_1} = S_{ij} - \frac{S_{i \cdot q_1} S_{q_1 \cdot j}}{S_{q_1 \cdot q_1}} \tag{4-14}$$

同样地，再从 $X \cdot_{q_1}$ 中剔除 $x \cdot_{q_2 1 q_q}$（$1 \leq q_2 \leq N, q_2 \neq q_1$），对其互谱矩阵 $S_{xx \cdot q_1 q_2}$ 做奇异值分解

$$S_{xx \cdot q_1 q_2} = U_2 \ddot{E} \cdot_{q_1 q_2} \quad (q_2 = 1, 2, \cdots, N; q_2 \neq q_1) \tag{4-15}$$

式（4-15）奇异值矩阵 $\ddot{E} \cdot_{q_1 q_2}$ 的对角元素 $\sigma_{i \cdot q_1 q_2}$（$1 \leq i \leq N$）定义为二阶偏奇异值。类似地可以得到任意阶的偏奇异值。

由于矩阵的迹是不变量，可以得到

$$\text{Tr}(\ddot{E}) = \sigma_1 + \sigma_2 + \cdots + \sigma_N = s_{11} + s_{22} + \cdots + s_{NN} \tag{4-16}$$

$$\text{Tr}(\ddot{E} \cdot_{q_1}) = \sigma_{1 \cdot q_1} + \sigma_{2 \cdot q_1} + \cdots + \sigma_{N \cdot q_1}$$
$$= \left[s_{11} - \frac{s_{1q_1} s_{q_1 1}}{s_{q_1 q_1}} \right] + \left[s_{22} - \frac{s_{2q_1} s_{q_1 2}}{s_{q_1 q_1}} \right] + \cdots + \left[s_{NN} - \frac{s_{Nq_1} s_{q_1 N}}{s_{q_1 q_1}} \right] \tag{4-17}$$

上述两式相减，用奇异值矩阵与偏奇异值矩阵迹之差 $\text{Sum}(\Delta \lambda \cdot_{q_1})$ 来度量消除 $x \cdot_{q_1}$ 后，输入中非相干信号能量的降低量

$$\text{Sum}(\Delta \lambda \cdot_{q_1}) = \text{Tr}(\ddot{E} \cdot_{q_1}) - \text{Tr}(\ddot{E} \cdot_{q_1}) = \gamma_{1q_1}^2 s_{11} + \gamma_{2q_1}^2 s_{22} + \cdots \gamma_{Nq_1}^2 s_{NN} \quad (q_1 = 1, 2, \cdots, N) \tag{4-18}$$

式中，γ_{ij}^2 是相关系数，介于 0 和 1 之间，且有 $\gamma_{q_1 q_1}^2 = 1$。

因此

$$s_{q_1q_1} \leqslant \mathrm{Sum}(\Delta\lambda._{q_1}) \leqslant \mathrm{Tr}(\ddot{E}) \quad (q_1 = 1,2,\cdots,N) \tag{4-19}$$

采用类似方法可以求得奇异值矩阵与二阶偏奇异值矩阵迹之差 Sum $(\Delta\lambda._{q_1})$，其他更高阶的 Sum（·）也可采用同样的方法得到。若第 p_1 个输入传声器对应的 Sum $(\Delta\lambda._{p_1})$ 是全部 N 个 Sum $(\Delta\lambda._{q_1})$ $(1 \leqslant q_1 \leqslant N)$ 中最大的，则可将该传声器的位置认为是最主要的物理声源。然后再选择使 Sum $(\Delta\lambda._{p_1q_2})$ $(1 \leqslant q_2 \leqslant N, q_2 \neq p_1)$ 最大的传声器 p_2 作为又一个主要的物理声源的位置；依此类推，直至将全部 K 个最佳传声器位置找出，这 K 个位置可作为主要的物理声源。

2. 奇异值重置分析方法

奇异值重置法通过重置奇异值矩阵来获得各非相干信号对输出的贡献因子，可以定量给出各声源的影响因子。重置矩阵 R 按下述方法获得。

首先对 K 个最佳传感器输入信号的互谱矩阵进行奇异分解

$$(S^p_{xx})_{K \times K} = (U^p)_{K \times K} (\ddot{E}^p)_{K \times KN} (V^p)^{\mathrm{H}}_{K \times K} \tag{4-20}$$

过渡矩阵 B 的元素定义为上式 V^p 的元素之模，即 $b_{ij} = \|v^p_{ij}\|$。找出 B 中最大元素 $b_{r_1c_1}$，并将该元素对应行、列元素置零，然后按下式计算重置矩阵 R

$$r_{r_1q} = \begin{cases} 1, & (q = c_1) \\ 0, & (q \neq c_1) \end{cases} \quad b_{qc_1} = \begin{cases} 1, & (q = r_1) \\ 0, & (q \neq r_1) \end{cases} \quad r_{r_1q} = b_{qc_1} = 0 \quad (q = 1, 2, \cdots, K) \tag{4-21}$$

接着再寻找修改后 B 中最大元素所在行列，按上式重新修改矩阵 B 与 R，重复 K 次即可求得重置矩阵 R。

用重置矩阵 R 对奇异值矩阵 $\ddot{E}^p$ 做如下重置计算

$$\ddot{E}_u = R \ddot{E}^p \tag{4-22}$$

重置后的奇异值矩阵 $\ddot{E}_u$ 不再是对角阵，$\ddot{E}_u$ 的每一行仅有一个非零元素，全部谱线中的同一行中的非零元素是同一个非相干信号能量的度量。另外，重置矩阵 R 是单位矩阵初等变换的结果，显然是可逆的。

4.2 声场分析程序功能需求及计算步骤

声场分析程序主要通过传声器阵列试验进行数据采样，离线对阵列数据进行分析。分析内容主要包括噪声声场信号的时域分析、频域分析和噪声声场重建。

4.2.1 传声器阵列试验数据采样

1）首先根据第 2 章设计的阵列架，设定坐标原点，记录各传声器的位置参数、仪器参数等，确定驱动电机噪声声场分析的范围。

2）确定采样率和采样时间，根据试验要求进行阵列信号数据采样并保存。

3）根据后续处理的要求，将采样数据转换为 MATLAB 格式，为后续分析做准备。

数据采样流程图如图 4-2 所示。

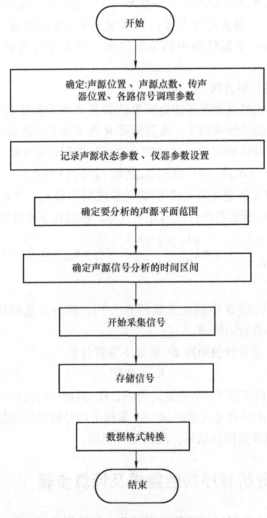

图 4-2 数据采样流程图

4.2.2 功能分析

声场分析程序主要可以进行噪声声场信号的时域分析、频域分析和噪声声场重建。具体功能如下：

1）通过前期噪声试验的采样数据进行离线分析，通过 FFT 分析可以得到噪声声场信号的时域分析。

2）通过 FFT 分析可以得到噪声声场信号的频域分析，分析主要噪声的频谱。

3）基于阵列信号处理的近场波束成形算法，得到声压分布的声场重建图，同时可以得到主要噪声的声压分布图。

4.2.3 计算流程

基于 4.2.1 中的数据采样，实现噪声声场信号的时域分析、频域分析和噪声声场重建，下面分别介绍其计算流程。

1. 噪声声场信号时域分析过程

1）根据试验时设定的采样率 F_s 和采样时间 t，计算采样点数 N。

2）根据采样率 F_s 和采样点数 N 计算通道采样数据对应的时间 t_i（$i=1, 2, \cdots, N$）。

3）利用 MATLAB 中 Plot 函数绘制通道数据（可以是单个通道或全部通道）的时域曲线。

2. 噪声声场信号频域分析过程

1）根据试验时设定的采样率 F_s 和采样时间 t，计算采样点数 N。

2）根据采样率 F_s 和采样点数 N 计算通道采样数据对应的时间 t_i（$i=1, 2, \cdots, N$）。

3）为了防止信号泄露，选择加 Hann 窗函数，同时将双边谱转换为单边谱。

4）利用 MATLAB 中 FFT 函数绘制确定通道（可以是单个通道或全部通道）和确定数据（可以是部分数据或全部数据）的频域曲线。

3. 噪声声场重建分析过程

1）对全部通道信号利用式（3-11）进行功率谱计算，将采集的电压信号转换为能量谱信号。

2）在声源平面上选定某一点位置，确定发射时间，对确定传声器利用式（3-27）计算声信号传播时间和延迟，选择确定通道数据。

3）利用式（3-37）进行基于能量最小化原则的通道加权系数的计算。

4）利用式（3-31）进行求和，然后根据传声器灵敏度计算其压力的绝对值。

5）利用式 $L_p = 20\lg \dfrac{P}{P_0}$ 进行计算，得出该声源点声压的分贝值。其中，L_p 是声压级（dB）；P 是传声器测得的声压（Pa）；P_0 是基准声压，$P_0 = 2 \times 10^{-5}$ Pa。

6）在阵列孔径范围内按照一定步长遍历声场重建面，将得到整个面的声场声压分布，从而建立声场重建图。

7）利用 MATLAB 中相关函数进行声场声压分布 map 图的绘制，显示分析结果。

声场重建分析流程图如图4-3所示。

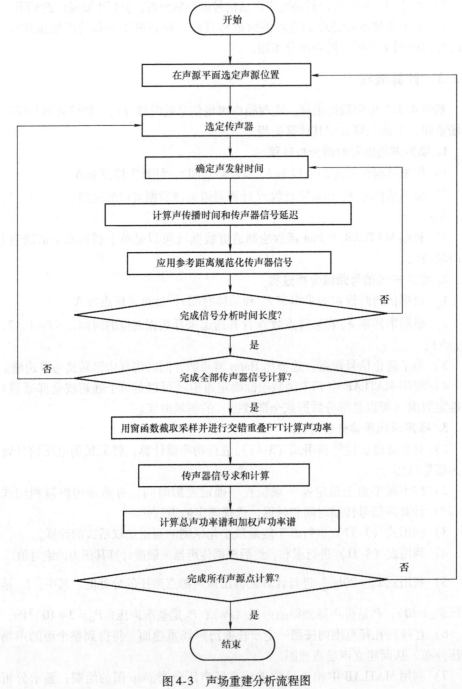

图4-3 声场重建分析流程图

4.2.4 程序编制

通过计算和分析，最后可分别得到噪声声场信号的时域分析、频域分析和噪声声场重建。利用 MATLAB 强大的数据处理和分析能力，分别编写了噪声声场重建和时频分析程序，集成为声阵列分析软件 SAAS（Sound Array Analysis Soft）。为了提高操作的方便性和人机交互性，利用 MATLAB 中创建图形用户界面（GUI）GUIDE 函数设计，将所有程序合成，并通过回调函数实现函数的结果的返回，其程序界面如图 4-4 所示。使用时，输入试验时的采样频率和采样点数，然后选择不同试验条件下的数据文件，可选任意一个通道的数据处理或全部通道数据处理，结果可分别显示声源信号的声场重建、原始信号的时域分析和频域分析。

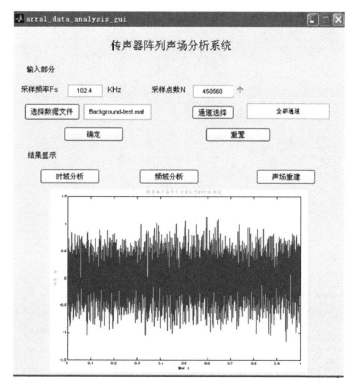

图 4-4 传声器阵列声场分析系统程序界面

4.3 本章小结

本章提出了驱动电机声场数学模型，研究了偏奇异值分析法通过计算修正信号的各阶偏奇异值进而识别主要声源，奇异值重置法通过重置奇异值矩阵来获得各非相干信号对输出的贡献因子，定量给出各声源的影响因子。对声场分析程序功能进行了分析，研究了噪声声场信号的时域分析、频域分析和噪声声场重建的计算步骤，分别编写了噪声声场信号的时域分析、频域分析和噪声声场重建程序，并集成为声阵列分析软件SAAS。同时为了提高操作的方便性和人机交互性，利用图形用户界面将所有功能合成，从而构成了声阵列分析的软件基础，结合第2章阵列硬件系统的设计，构建了传声器阵列声场分析系统，为后续试验验证提供了基础。

第 5 章 基于传声器阵列声场分析

为了具体分析电动汽车驱动电机的噪声分布及其频谱情况,同时为了验证前面的理论和算法,本章进行了电动汽车驱动电机噪声试验。基于传声器阵列声场分析系统对不同工况下的驱动电机工作噪声进行了详细分析,为电动汽车驱动电机噪声控制提供了科学的依据。同时与其他阵列系统进行了对比试验研究,验证了基于传声器阵列声场分析系统的有效性。

5.1 基于传声器阵列声场分析系统试验

5.1.1 试验设备

试验在交流电力测功机电机驱动系统测试平台上进行,平台采用单路传动设计,通过模块配置可适应不同车型电动汽车电传动的综合测试。电动汽车动力驱动系统测试平台如图 5-1 所示。

被测试驱动电机 3、转速转矩仪 5 和电力测功机 6 之间采用弹性联轴器顺序连接以传递动力。台架可逆电源系统 1、驱动电机控制器 2 与驱动电机 3 之间采用电气连接,测功机控制器 7 与电力测功机 6 之间也是电气连接,用以实现对测功机的控制。中央计算机完成测试平台各种信号的采集和测试平台的控制。台架可逆电源系统 1 作为车载电池的模拟器,为驱动电机 3 提供直流电,同时可将驱动电机的发电回收。由电力测功机 6 实现负载的施加,采用电惯量实现车辆行驶惯性负载的模拟,同时由电力测功机模拟惯性负载。电力测功机也可以反拖被测试驱动电机,实现发电特性的测试。

测功机采用德国 HORIBA ATS 公司生产的 DYNAS3 HT460 交流电力测功机,该系统由负载部分、测试部分、控制部分、操作及安全部分、计算机仿真部分以及相关电缆和配件组成。交流电力测功机的最大转速为 8000r/min,最大转矩为 1400N·m,最大功率为 460kW,转矩测试精度为 0.1% 级,转矩响应 ≤3ms。

噪声测试分析系统包括硬件部分和软件部分。硬件部分即传声器阵列系统和

电动汽车电机系统噪声测试与评价——基于传声器阵列

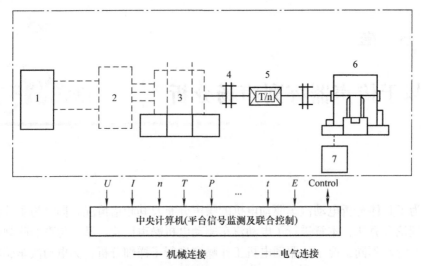

图 5-1 电动汽车动力驱动系统测试平台
1—台架可逆电源系统 2—驱动电机控制器 3—驱动电机 4—联轴器
5—转速转矩仪 6—电力测功机 7—测功机控制器
U—电压 I—电流 n—转速 T—转矩 P—功率 t—时间 E—效率

数据采集设备,其中传声器阵列系统及数据采集设备如图 5-2 所示,具体由 27 个传声器组成,传声器型号为 MPA201,其频率响应范围为 20Hz~20kHz,开路灵敏度为 50mV/Pa(250Hz),使用温度范围为 -35~80℃,温度系数为 -0.01dB/K(250Hz)。将这 27 个传声器安装在固定装置上,组成一个水平方向与垂直方向分别为 15 个和 12 个传声器的"十"字形平面传声器阵列。传声器之间等间距为 0.1m。软件部分包括采样数据格式转换模块和自制的基于传声器阵列的声场分析系统。

MKⅡ数据采集设备为 27 通道 MKⅡ数据采集前端,7 个串行编程方式(ICP)模块,27 通道 ICP/电压输入,采样频率为 102.4kHz。

信号通过数据采集前端,最后在 PC 上利用自编程序进行分析和计算。分析主要包括驱动电机噪声信号的时域分析、频域分析和噪声声场重建分布。考察驱动电机在不同工况、不同测试条件下,进行稳态运行时的噪声分析。

测量前,对传声器测量通道的相位和增益进行了校正,以便保证测量误差小于 1dB。测试时,探头高度正对着驱动电机中心位置,水平距离为 1m。驱动电机稳态运行后取 10s 内的数据。

试验用驱动电机系统是纯电动客车用交流异步驱动电机,基本参数如下:额定功率为 100kW,额定电压为 386V,额定转速为 2000r/min,额定转矩为 471N·m,质量为 368kg,几何尺寸为 $\phi 435mm \times L600mm$,体积为 $V = \pi D^2 L/4 = 0.089m^3$,驱动电机系统冷却方式为自带风扇冷却。试验时测试环境湿度 20%,

第 5 章
基于传声器阵列声场分析

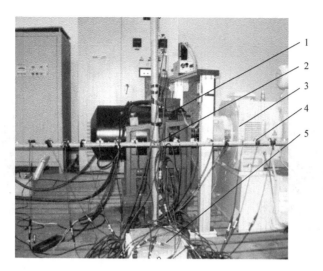

图 5-2 传感器阵列系统及数据采集设备
1—被测试驱动电机 2—阵列 3—测功机 4—传声器 5—MKⅡ数据采集设备

温度为 22.9℃。

5.1.2 典型工况试验过程及分析

选取驱动电机运行过程中的五种典型工况进行噪声测试，分别是：低速低转矩、低速高转矩、额定转速转矩、高速低转矩、高速高转矩。同时为剔除背景噪声的影响，先使测功机运行而驱动电机不转动来进行环境背景噪声测试，用声级计测量背景噪声为 68dB。典型工况试验条件见表 5-1。

表 5-1 典型工况试验条件

试验序号	试验数据名称	试验条件	备注
1	Background_test	0r/min，0N·m	环境背景噪声
2	Condition1_test	800r/min，200N·m	低速低转矩工况
3	Condition2_test	800r/min，850N·m	低速高转矩工况
4	Condition3_test	2000r/min，477N·m	额定转速转矩工况
5	Condition4_test	4000r/min，50N·m	高速低转矩工况
6	Condition5_test	4000r/min，220N·m	高速高转矩工况

通过 PAK 软件模块将数据转换为 MATLAB 可调用的格式。通过自编程序进行分析，可以分别得出整个驱动电机系统在不同运行工况下的噪声源定位图。

1. 背景噪声的分析

首先将信号在时域里表现出来，即用时域曲线显示，1s 内的时域曲线如图 5-3 所示。

同时，驱动电机背景噪声的声场频谱分布如图 5-4 和图 5-5 所示。其中，

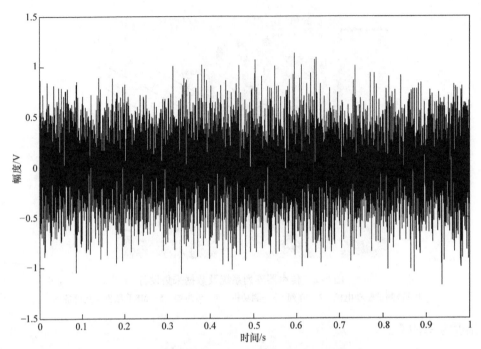

图 5-3 背景噪声条件下全部信号的时域曲线

图 5-4 所示为人耳可听声的频率范围（0～20kHz），简称全频段（后面提到的全频段均为此范围，不再加以说明）。图 5-5 所示为低频段频谱分布。

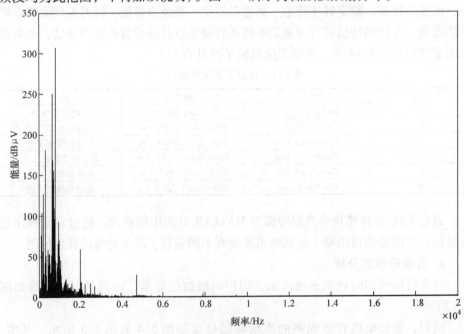

图 5-4 背景噪声全频段频谱分布

通过全频段频谱图可以看到，背景噪声主要频段分布在低频段。为更进一步地分析主要频段情况，查看低频段的频谱分布（图5-5）。

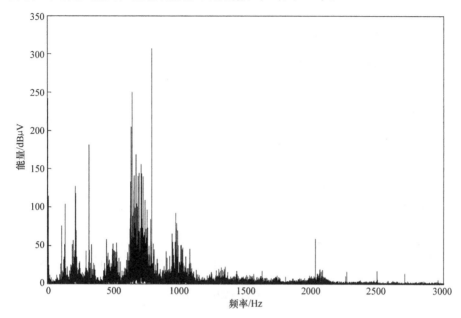

图 5-5　低频段频谱分布

通过低频段的频谱分布图可以看出，主要频率在200Hz和700Hz附近。结合现场情况，背景条件下该频率为测功机风扇噪声的频率。

通过分析，得到驱动电机背景噪声条件下的全部噪声声场分布如图5-6所示。其中，图5-6a中的通道加权因子均为1，图5-6b中的通道加权因子满足能量最小化的原则。

图5-6中的坐标原点为阵列架的中心位置，其坐标范围即为声场重建的范围。其他工况下的噪声分布图坐标意义与此相同，不再另外说明。

为了更好地显示主要噪声源位置，利用程序图显示噪声强度相对大的地方，即主要噪声源分布情况。图5-7所示为背景噪声条件下的主要噪声分布。

由图5-6分析可知，基于能量最小化原则确定的通道加权因子的噪声声场重建相对比通道加权因子均为1的主次更为分明，效果更好。因此在其他噪声分布图中，凡是没有特别说明的，都是基于能量最小化原则确定的通道加权因子。

由图5-7分析可知道，在背景噪声条件下，主要噪声分布在驱动电机上半部分的两端位置。结合驱动电机在实验室台架上的位置，而且驱动电机没有起动，可以确认噪声源主要来自驱动电机两端的电力测功机的风扇和驱动电机控制器位置。

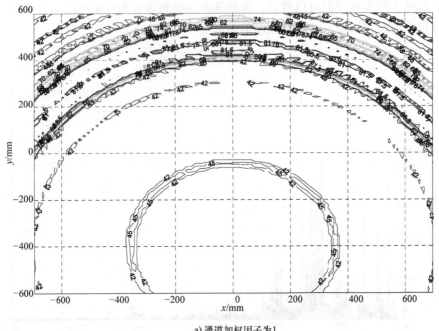

a) 通道加权因子为1

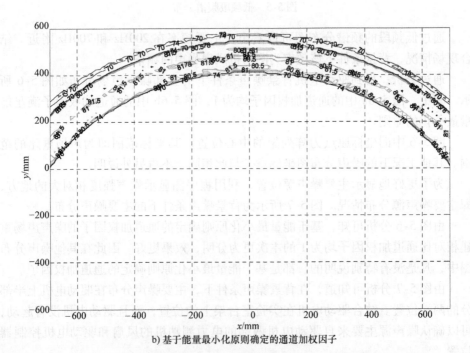

b) 基于能量最小化原则确定的通道加权因子

图 5-6　背景噪声条件下的全部噪声声场分布（见彩插）

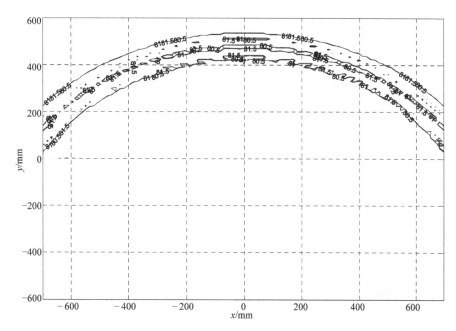

图 5-7 背景噪声条件下的主要噪声分布（见彩插）

2. 低速低转矩工况

低速低转矩是指驱动电机在转速 800r/min 和转矩为 200N·m 条件下进行工作时的工况，驱动电机在低速低转矩工况条件下全部信号的时域曲线如图 5-8 所示。

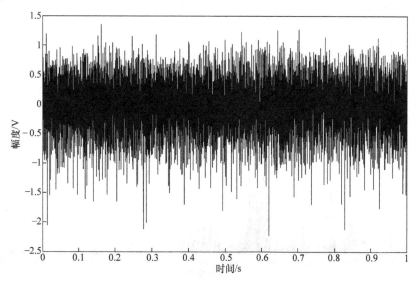

图 5-8 低速低转矩工况条件下全部信号的时域曲线

同时，驱动电机噪声声场的全频段频谱分布如图5-9所示。

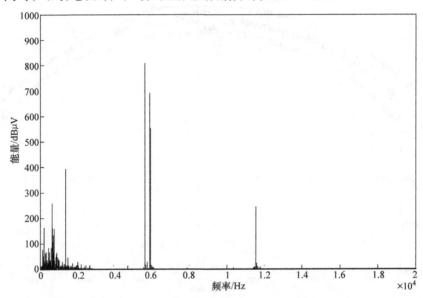

图5-9　低速低转矩工况条件下全频段频谱分布

通过全频段频谱分布可以看到，背景噪声频段主要分布在低、中频段。为更进一步地分析主要频段情况，再分别查看低、中、高频段的频谱，其分布分别如图5-10～图5-12所示。

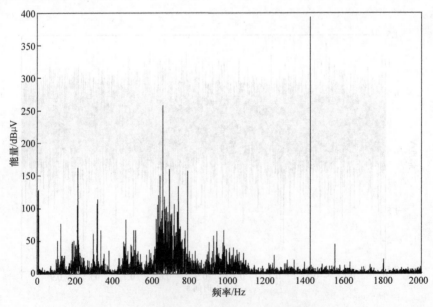

图5-10　低速低转矩工况条件下低频段频谱分布

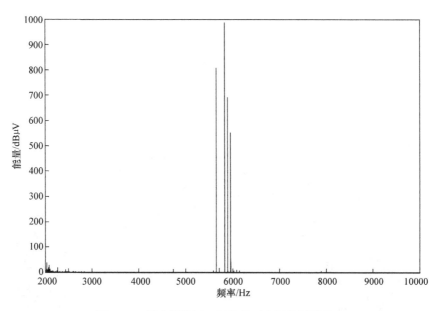

图 5-11 低速低转矩工况条件下中频段频谱分布

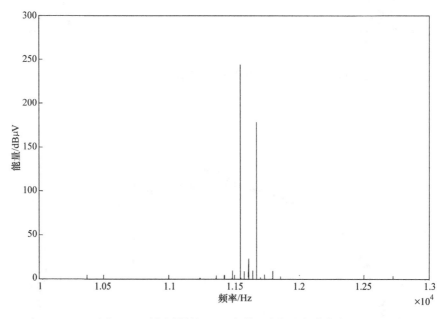

图 5-12 低速低转矩工况条件下高频段频谱分布

通过频谱分布（图 5-10 ~ 图 5-12）可以看出，主要频率在 200Hz、700Hz、1400Hz、6000Hz 和 11600Hz 附近。如果忽略背景噪声，则该工况下，驱动电机主要噪声频率为 1400Hz、6000Hz 和 11600Hz。结合工业电机噪声的频谱及电动汽车驱动电机该工况下主要噪声分布图,可知噪声源主要来自驱动电机轴承自身噪声。

通过分析,驱动电机在低速低转矩工况条件下的全部噪声声场分布和主要噪声分布分别如图5-13和图5-14所示。

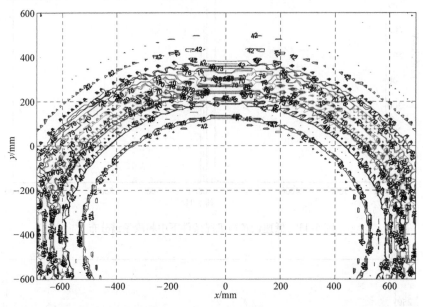

图5-13 低速低转矩工况条件下的全部噪声分布(见彩插)

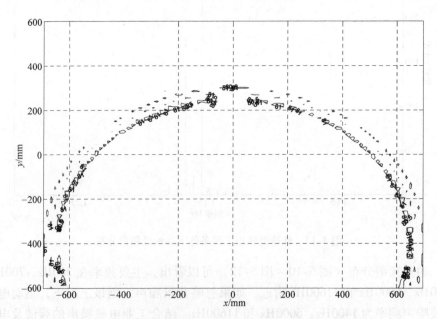

图5-14 低速低转矩工况条件下的主要噪声分布(见彩插)

由图 5-14 可知，在低速低转矩工况条件下，主要噪声分布在驱动电机中部和下半部分的两端位置。结合驱动电机在实验室台架上的位置；可以确认噪声源主要来自驱动电机中间的位置；结合驱动电机的结构，两端噪声主要是由于地面的反射作用造成的。

3. 额定转速转矩工况

额定转速转矩是指驱动电机在转速为 2000r/min 和转矩为 477N·m 条件下进行工作时的工况，该工况条件下全部信号的时域曲线如图 5-15 所示。

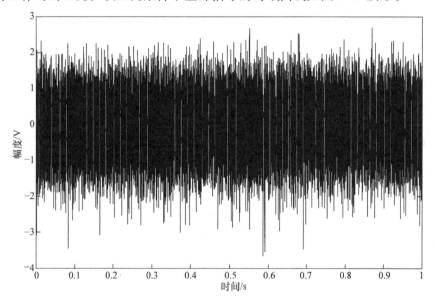

图 5-15 额定转速转矩工况条件下全部信号的时域曲线

同时，驱动电机噪声声场的全频段和主要频段频谱分布如图 5-16 和图 5-17 所示。

通过分析，驱动电机在额定转速转矩工况条件下的主要噪声频率为 3600Hz、5800Hz。

通过分析，驱动电机在额定转速转矩工况条件下的全部噪声声场分布和主要噪声分布分别如图 5-18 和图 5-19 所示。

由图 5-19 可知，在额定转速转矩工况条件下，结合电动汽车驱动电机该工况下主要噪声分布图，噪声源主要来自驱动电机的电磁噪声。

4. 高速高转矩工况

高速高转矩是指驱动电机在转速为 4000r/min 和转矩为 220N·m 条件下进行工作时的工况，驱动电机在高速高转矩工况条件下全部信号的时域曲线如图 5-20 所示。

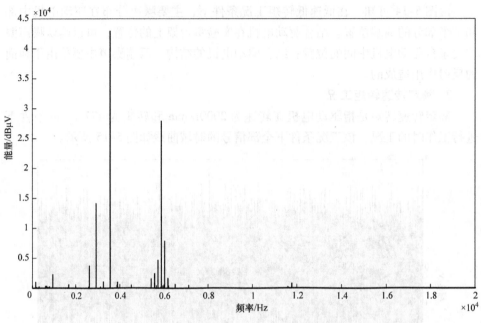

图 5-16　额定转速转矩工况条件下全频段频谱分布

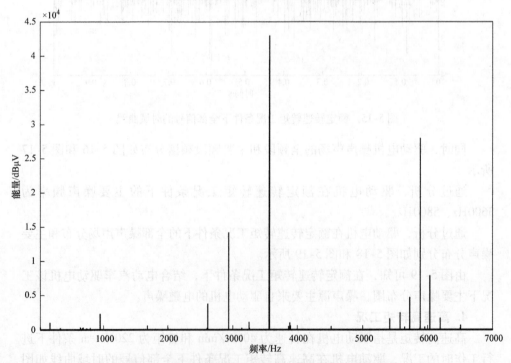

图 5-17　额定转速转矩工况条件下主要频段频谱分布

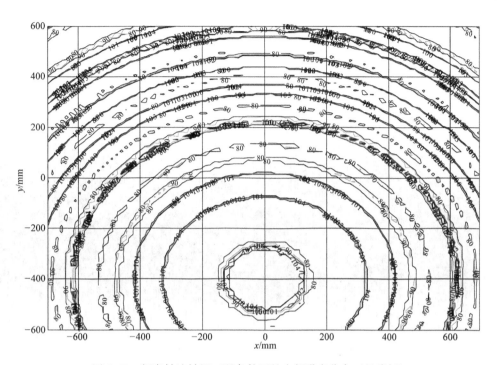

图 5-18 额定转速转矩工况条件下的全部噪声分布（见彩插）

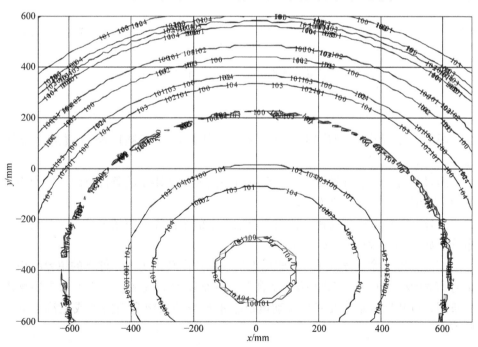

图 5-19 额定转速转矩工况条件下的主要噪声分布（见彩插）

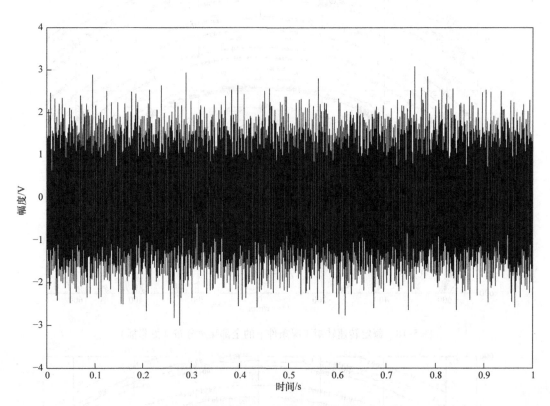

图 5-20　高速高转矩工况条件下全部信号的时域曲线

同时，驱动电机噪声声场的全频段、低频段和高频段噪声频谱分布如图 5-21～图 5-23 所示。

通过分析，除了背景噪声，驱动电机在高速高转矩工况条件下的主要噪声频率为 1200Hz、5800Hz、7200Hz。

另外，驱动电机在高速高转矩工况条件下的全部噪声声场分布和主要噪声分布分别如图 5-24 和图 5-25 所示。

综上分析，除了背景噪声，驱动电机在高速高转矩工况条件下的主要噪声频率为 1200Hz、5800Hz、7200Hz。结合电动汽车驱动电机在该工况下的主要噪声分布图，可知噪声源主要来自驱动电机轴承自身的噪声和换向器或正流子的摩擦声。

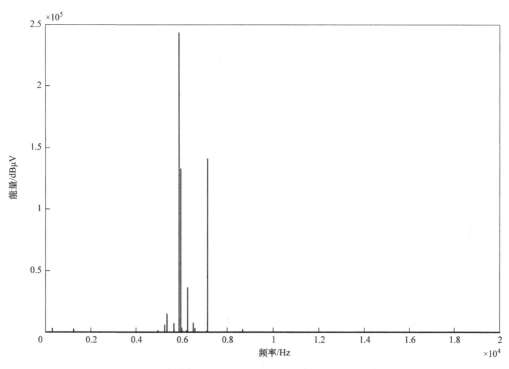

图 5-21 高速高转矩工况条件下全频段噪声频谱分布

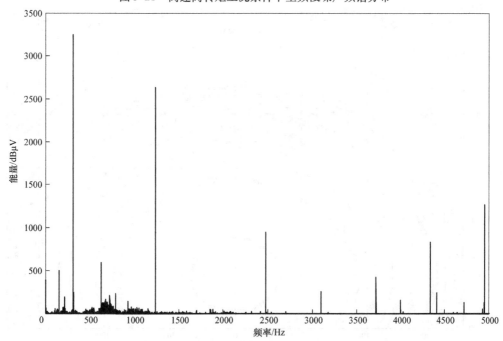

图 5-22 高速高转矩工况条件下低频段噪声频谱分布

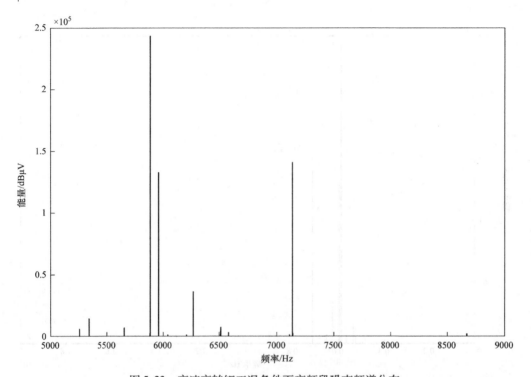

图 5-23　高速高转矩工况条件下高频段噪声频谱分布

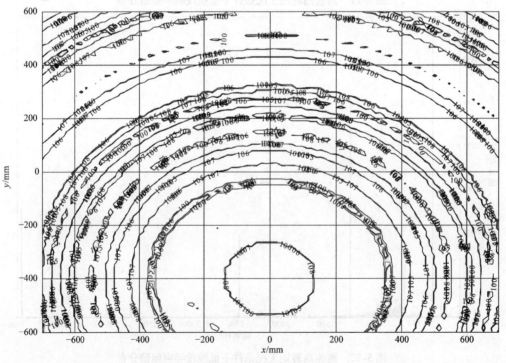

图 5-24　高速高转矩工况条件下的全部噪声声场分布（见彩插）

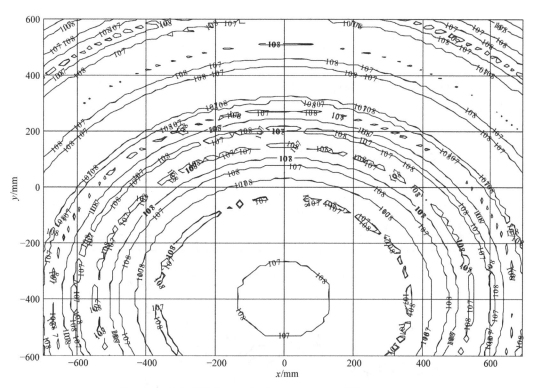

图 5-25 高速高转矩工况条件下的主要噪声分布（见彩插）

5.1.3 额定转速不同转矩工况

为了更进一步研究驱动电机在不同工况下的噪声试验，考察驱动电机在额定转速情况下，由于转矩不同所引起的噪声变化情况，具体试验条件见表 5-2。

表 5-2 额定转速不同转矩工况试验条件

试验序号	试验数据名称	试验条件
1	Condition6_test	2000r/min，50N·m
2	Condition7_test	2000r/min，100N·m
3	Condition8_test	2000r/min，150N·m
4	Condition9_test	2000r/min，200N·m
5	Condition10_test	2000r/min，250N·m
6	Condition11_test	2000r/min，300N·m
7	Condition12_test	2000r/min，350N·m
8	Condition13_test	2000r/min，400N·m
9	Condition14_test	2000r/min，450N·m
10	Condition15_test	2000r/min，500N·m
11	Condition16_test	2000r/min，550N·m
12	Condition17_test	2000r/min，600N·m
13	Condition18_test	2000r/min，640N·m

同样通过 PAK 软件模块将数据转换为 MATLAB 可调用的格式。通过自编程序进行分析，可以分别得出整个驱动电机系统在不同运行工况下的时域分析图、噪声声场和频谱分析图。

通过对比，可得出在额定转速不同转矩工况下的噪声频谱。为了简单起见，只选择其中几个典型工况进行对比分析，如图 5-26 所示。图 5-26 中的横坐标是对应中心频率的序号，中心频率和序号的对应关系见表 5-3。

表 5-3 中心频率和序号的对应关系

序号	1	2	3	4	5	6	7	8	9
中心频率/Hz	40	50	63	80	100	125	160	200	250
序号	10	11	12	13	14	15	16	17	18
中心频率/Hz	315	400	500	630	800	1000	1250	1600	2000
序号	19	20	21	22	23	24	25	26	27
中心频率/Hz	2500	3150	4000	5000	6300	8000	10000	12500	16000

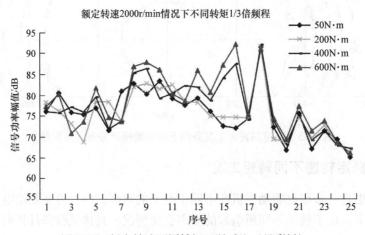

图 5-26 额定转速不同转矩工况对比（见彩插）

通过分析图 5-26，可看出在额定转速 2000r/min 条件下，中心频率在 50~1250Hz 时，随着转矩增加，其 1/3 倍频程噪声频谱减小；中心频率在 800~1600Hz 时，随着转矩增加，其 1/3 倍频程噪声频谱增大；中心频率在 2000~12500Hz 时，随着转矩增加，其 1/3 倍频程噪声频谱变化不大。

从而可得出额定转速不同转矩工况时，在低频时，随着转矩增加其噪声幅度相对减少；在中频时，随着转矩增加其噪声幅度相对增大；在高频时，随着转矩增加其噪声幅度相对不变。

5.1.4 额定转矩不同转速工况

为了更进一步研究驱动电机在不同工况下的噪声试验，考察驱动电机在额定转矩情况下，由于转速不同所引起的噪声变化情况，具体试验条件见表 5-4。

第 5 章
基于传声器阵列声场分析

表 5-4 额定转矩不同转速工况试验条件

试验序号	试验数据名称	试验条件
1	Condition19_test	2000r/min，477N·m
2	Condition20_test	1800r/min，477N·m
3	Condition21_test	1600r/min，477N·m
4	Condition22_test	1400r/min，477N·m
5	Condition23_test	1200r/min，477N·m
6	Condition24_test	1000r/min，477N·m
7	Condition25_test	800r/min，477N·m
8	Condition26_test	600r/min，477N·m
9	Condition27_test	400r/min，477N·m
10	Condition28_test	200r/min，477N·m

通过 PAK 软件模块将数据转换为 MATLAB 可调用的格式。通过自编程序进行分析，可以分别得出整个驱动电机系统在不同运行工况下的噪声源定位图。

通过对比，可得出在额定转矩不同转速工况下的噪声频谱，如图 5-27 所示。图 5-27 中的横坐标是对应中心频率的序号，其中心频率和序号的对应关系见表 5-3。

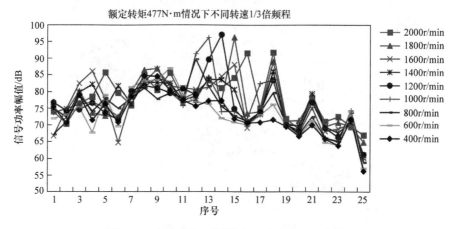

图 5-27 额定转矩不同转速工况对比（见彩插）

通过分析图 5-27，可看出在额定转矩 477N·m 条件下，对应的中心频率在 400Hz 时，驱动电机转速在 600r/min 时其 1/3 噪声频谱最大；中心频率在 630Hz 时，驱动电机转速在 800r/min 和 1000r/min 时其 1/3 噪声频谱最大；中心频率在 1000Hz 时，驱动电机转速在 1200r/min 时其 1/3 噪声频谱最大；中心频率在 1250~8000Hz（序号为 16~24）和 12500Hz（序号为 26）时，随着转速增加其 1/3 噪声频谱增大；中心频率在 8000Hz 时，驱动电机转速在 600r/min 时其 1/3 噪声频谱最大。

从而可得出额定转矩不同转速工况时，全频段范围内，整体是随着转速增加，其 1/3 噪声频谱增大。

5.2 声阵列噪声对比研究

为了验证所设计阵列和算法程序并比较其精度,通过采用商用阵列架和软件来进行对比试验,本部分的试验条件采用电动汽车驱动电机典型工况进行。

5.2.1 试验设备

试验仍在交流电力测功机电机驱动系统测试平台上进行,测试系统包括硬件部分和软件部分。硬件部分包括商业阵列系统和数据采集设备,如图 5-28 所示,具体由 36 个传感器组成,传感器型号为 MPA201,其频率响应范围为 20Hz ~ 20kHz,开路灵敏度为 50mV/Pa(250Hz),使用温度范围为 -35 ~ 80℃,温度系数为 -0.01dB/K(250Hz)。

图 5-28 商业阵列系统和数据采集设备
1—声阵列系统 2—被测驱动电机 3—MKⅡ数据采集设备 4—电机控制器

MKⅡ数据采集设备为 36 通道 MKⅡ数据采集前端,9 个 ICP 模块,36 通道 ICP/电压输入,采样频率为 102.4kHz。

信号通过数据采集前端,最后在 PC 上利用专门软件程序进行分析和计算。

5.2.2 对比试验过程及分析

对驱动电机在不同工况、不同测试条件下稳态运行时的噪声进行分析,主要包括频谱分析和噪声定位。

在测量前,对传声器测量通道的相位和增益进行了校正,以便保证测量误差小于1dB。测试时探头高度正对着驱动电机中心位置,水平距离是1m。驱动电机稳态运行后取10s内的数据。

试验用驱动电机系统是纯电动客车用交流异步驱动电机,其额定电压为386V,额定转速为2000r/min,额定转矩为471N·m。试验时测试环境湿度为20%,温度为22.9℃。

分别进行驱动电机在不同工况下的噪声试验。为了进行对比分析,分别选取驱动电机运行过程中五种典型工况进行测试:低速低转矩、低速高转矩、额定转速转矩、高速低转矩、高速高转矩。同时为了剔除背景噪声的影响,先使测功机运行而驱动电机不转动来进行环境背景噪声测试。典型工况试验条件见表5-1。

通过PAK软件阵列模块对数据进行分析,可以分别得出整个驱动电机系统在不同运行工况下的噪声频谱和噪声源定位图。

1. 背景噪声的分析

通过专门软件的分析,可以得到驱动电机背景噪声的频谱分布如图5-29所示。

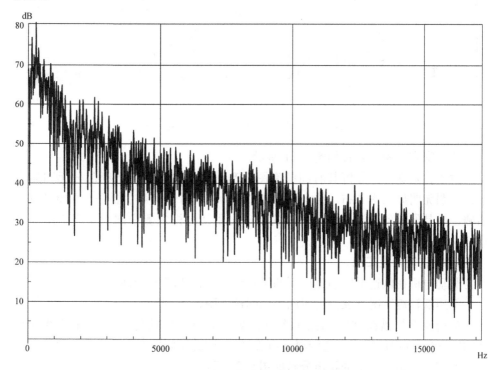

图5-29 驱动电机背景噪声的频谱分布

背景噪声的时间频率图谱如图5-30所示,图中横坐标为信号频率,纵坐标为时间，颜色代表噪声信号的声压级。可以看出，某一频率的噪声信号强度并不随时间发生变化，也证实了噪声信号是稳态信号。后文出现的时间频率图意义同此。

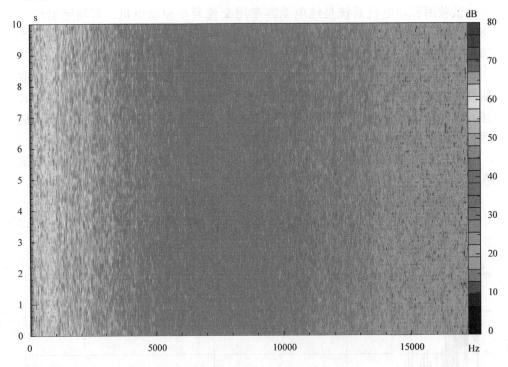

图 5-30　背景噪声的时间频率图谱（见彩插）

背景噪声的噪声分布如图 5-31 所示。

对于背景噪声，分析其时间频率图谱和噪声频谱可知，低频部分无明显亮点，说明无明显频率分布。结合噪声分布图，说明背景噪声主要分布在驱动电机右侧，为其他设备（测功机风扇）的噪声，驱动电机左侧中部的噪声为冷却风扇的噪声。

2. 低速低转矩工况

驱动电机在低速低转矩工况下的噪声频谱分布如图 5-32 所示。

低速低转矩工况下噪声的时间频率图谱如图 5-33 所示。

分析噪声频谱图和时间频率图谱，驱动电机在低速低转矩工况条件下在 5528Hz 和 11000Hz 附近颜色较深（有尖峰），因此该频段为主要噪声频段。

低速低转矩工况下的噪声分布如图 5-34 所示。

系统在该工况下的噪声分布图明显比背景噪声加大，且主要噪声部位在驱动电机的右部、左上部和中下部。

第 5 章
基于传声器阵列声场分析

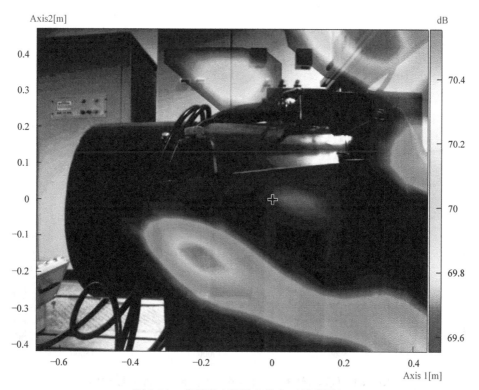

图 5-31 背景噪声的噪声分布（见彩插）

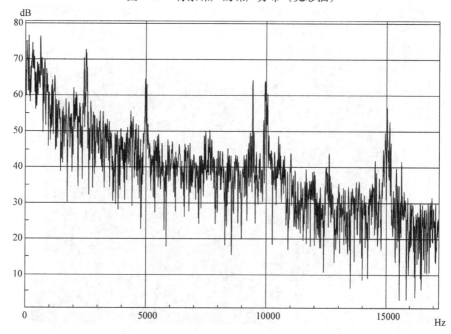

图 5-32 低速低转矩工况下的噪声频谱分布

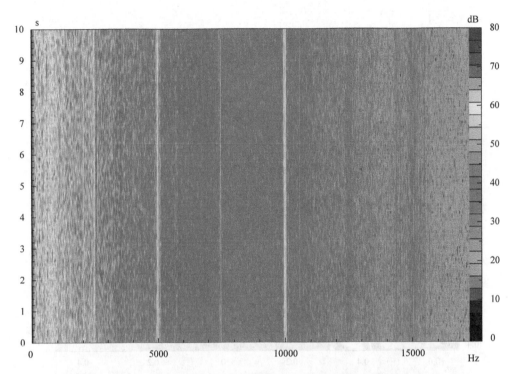

图 5-33 低速低转矩工况下噪声的时间频率图谱（见彩插）

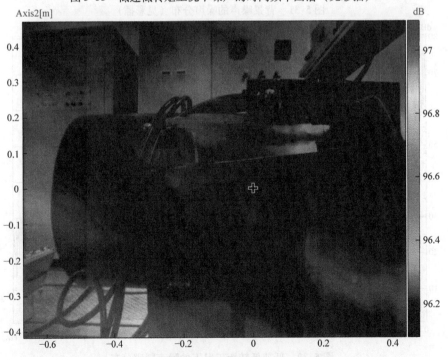

图 5-34 低速低转矩工况下噪声分布（见彩插）

第5章 基于传声器阵列声场分析

由于驱动电机在低速低转矩工况条件下在5528Hz和11000Hz附近颜色较深（有尖峰），分别对6000Hz和11600Hz主要噪声频率进行噪声源定位，如图5-35和图5-36所示。

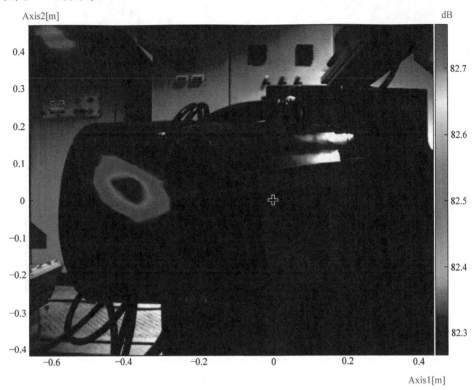

图5-35　6000Hz下的噪声源定位（见彩插）

通过分析图5-35，在6000Hz频率下的主要噪声来自驱动电机左部，即该部位是产生6000Hz噪声的主要来源，对应驱动电机结构，该部位是驱动电机轴承。

在图5-36中，噪声源分布相对比较分散，噪声源识别的效果不是很好。怀疑该频率在试验室内产生了混响，影响了分析结果。

通过以上分析可知，电动汽车交流驱动电机在低速低转矩工况下的主要噪声频段分别为6000Hz和11600Hz，噪声部位主要来自驱动电机轴承自身的噪声。分析结果与自制阵列分析结果基本相似，从而证明所设计阵列和算法的正确性。

通过本节的试验，可以进一步得到对应驱动电机结构每一部分的频谱结构图，为进一步分析驱动电机和降低驱动电机噪声提供基础。

3. 额定转速转矩工况

驱动电机在额定转速转矩工况下的噪声频谱分析如图5-37所示。

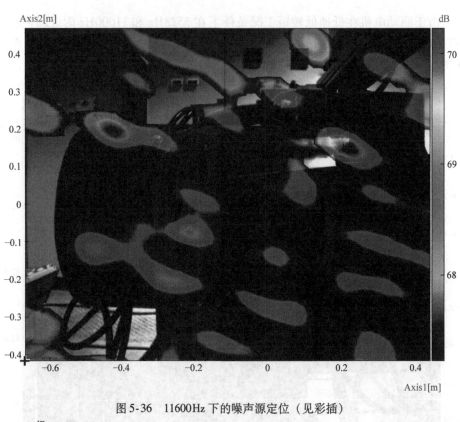

图 5-36　11600Hz 下的噪声源定位（见彩插）

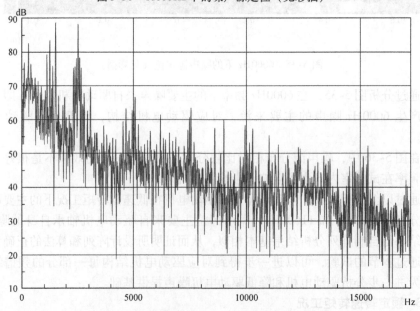

图 5-37　额定转速转矩工况下的噪声频谱分布

额定转速额定转矩工况下噪声的时间频率图谱如图 5-38 所示。

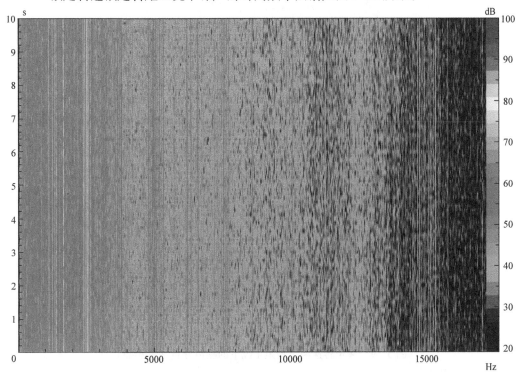

图 5-38　额定转速额定转矩工况下噪声的时间频率图谱（见彩插）

额定转速额定转矩工况下的噪声分布如图 5-39 所示。

分析频谱分布图和时间频率图谱，在 3600Hz、5800Hz 颜色较深（有明显的尖峰），因此该频段为主要噪声频段。

同时，系统在该工况下的噪声分布比较明显，且主要噪声部位在驱动电机的左中上部。分别对上述主要噪声频率进行噪声源定位，如图 5-40 和图 5-41 所示。

通过分析图 5-40 可知，系统在 3600Hz 频率下的噪声分布比较突出明显，其主要噪声来自驱动电机中部，因为电磁噪声频带主要分布在 700～5000Hz，即 3600Hz 的噪声主要来自驱动电机的电磁噪声，右下部则是主要来自地面的反射。

通过分析图 5-41 可知，系统在 5800Hz 频率下的噪声分布也比较突出明显，其主要噪声来自驱动电机中部、左下部和右下部。驱动电机中部是产生 5800Hz 噪声的主要来源，主要来自驱动电机的电磁噪声，左下部和右下部则主要来自地面的反射。

4. 高速高转矩工况

驱动电机在高速高转矩工况下的噪声频谱分布如图 5-42 所示。

图 5-39　额定转速额定转矩工况下的噪声分布（见彩插）

图 5-40　3600Hz 下的噪声源定位（见彩插）

第 5 章
基于传声器阵列声场分析

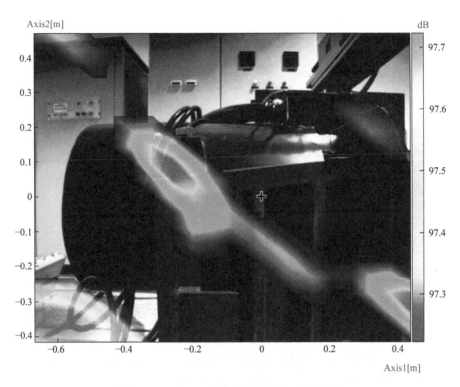

图 5-41　5800Hz 下的噪声源定位（见彩插）

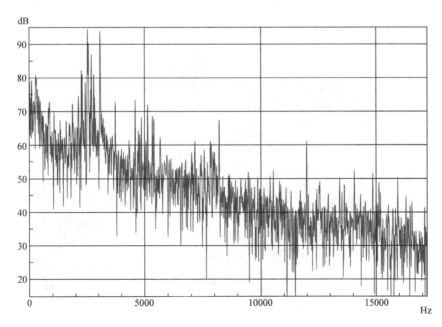

图 5-42　高速高转矩工况下的噪声频谱分布

高速高转矩工况下噪声的时间频率图谱如图 5-43 所示。

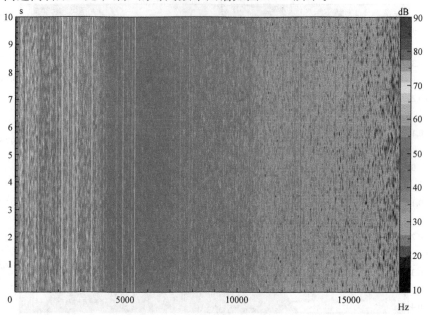

图 5-43 高速高转矩工况下噪声的时间频率图谱（见彩插）

高速高转矩工况下的噪声分布如图 5-44 所示。

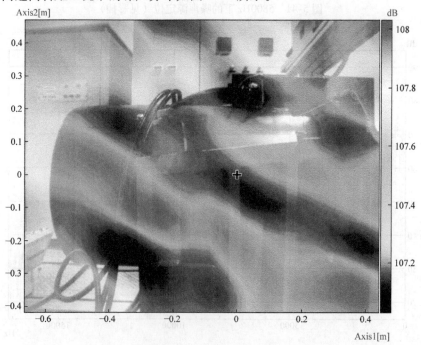

图 5-44 高速高转矩工况下的噪声分布（见彩插）

分析时间频率图谱,在 1200Hz、5800Hz 和 7200Hz 颜色较深(有明显的尖峰),因此该频段为主要噪声频段。对主要噪声频段进行噪声源定位,如图 5-45 和图 5-46 所示。

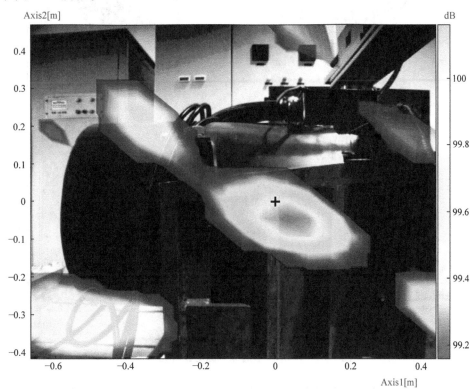

图 5-45　5800Hz 下的噪声源定位(见彩插)

综上分析,在高速高转矩工况条件下,主要噪声分别来自驱动电机的电磁噪声和驱动电机轴承自身的噪声。

同时,对比分析其在各工况下其 1/3 倍频程图,如图 5-47 所示。图 5-47 中横坐标是对应中心频率的序号,其中心频率和序号的对应关系见表 5-3。

分析图 5-47 可知:在低速低转矩工况下,对应的各中心频率的噪声都最小;在高速低转矩和高速高转矩工况下,噪声都明显比较大;额定转速转矩工况和低速高转矩工况较为相似;在中心频率为 100Hz(序号为 5)时,背景噪声急剧增大。

去掉背景噪声的影响,可得到各工况相对条件下的 1/3 倍频程对比如图 5-48 所示。

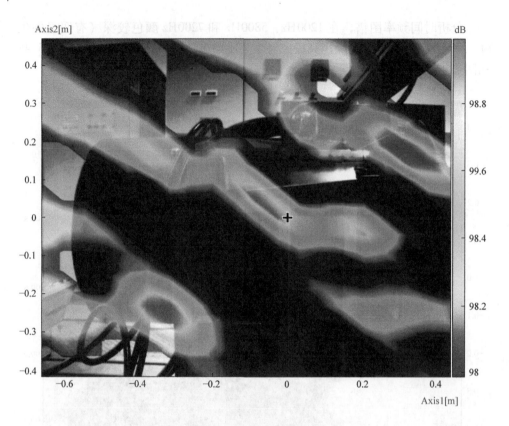

图 5-46 7200Hz 下的噪声源定位（见彩插）

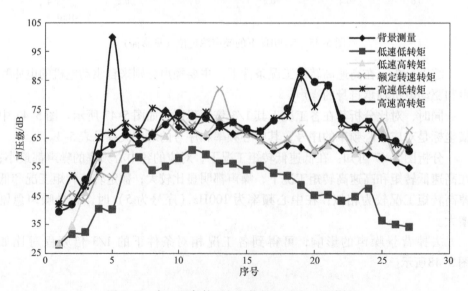

图 5-47 各工况条件下 1/3 倍频程对比（见彩插）

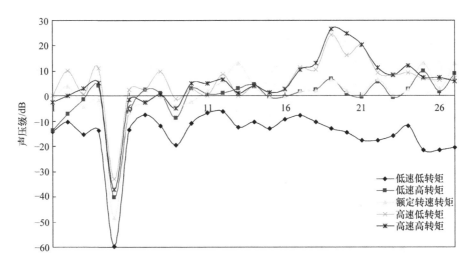

图 5-48　各工况相对条件下 1/3 倍频程对比（见彩插）

分析可知：在中心频率为 100Hz（序号为 5）时，各工况下的噪声急剧增大；在低速低转矩工况下，对应的各中心频率的噪声都最小；高速低转矩和高速高转矩工况在中心频率为 2500Hz、3150Hz、4000Hz（序号为 19、20、21）时的噪声明显增大；额定转速转矩工况在中心频率为 630Hz（序号为 13）时的噪声明显增大。

5.3　本章小结

本章通过由 27 个传声器组成的"十"字形平面传声器阵列，利用 MKⅡ数据采集设备实现数据采集，并通过自编软件详细分析了电动汽车驱动电机系统在不同工况下的噪声情况，对驱动电机噪声时域分析、频域分析和噪声声场重建进行了研究。通过试验分析，验证了基于传声器阵列测量的快捷性，从而解决了基于声强法测量不能进行瞬态过程测量和分析的难题。

进一步分析得出，在背景条件下，主要噪声频段为 200Hz 和 700Hz，主要来自测功机和驱动电机控制器的风扇噪声；在低速低转矩工况条件下，主要噪声频段为 1400Hz、6000Hz 和 11600Hz，主要来自驱动电机轴承的自身噪声；在额定转速转矩工况条件下，主要噪声频段为 3600Hz 和 5800Hz，主要来自驱动电机的电磁噪声；在高转速转矩工况条件下，主要噪声频段为 1200Hz、5800Hz 和 7200Hz，主要来自驱动电机轴承自身的噪声和换向器或正流子的摩擦声。为了验证所设计阵列和算法的正确性，利用其他商业硬件和软件进行了驱动电机典型工况的对比分析，从而证明了所设计阵列和软件的快捷性和有效性。

　　本章最后对额定转速不同转矩和额定转矩不同转速下的工况分别进行了试验。结果表明，额定转速工况下随着转矩的增加，其噪声幅度在低频时相对减少，在中频时相对增加，而在高频时则相对不变。在额定转矩不同转速工况下，在全频段范围内，其1/3噪声频谱随着转速的增加而增大。

第 6 章 驱动电机系统测试研究

电机系统测试主要在电机台架上进行，包括一般性参数测试、温升测试、输入输出特性测试、安全性测试、环境适应性参数测试、可靠性测试以及电磁兼容测试等。电机系统的测试项目见表6-1。

表6-1中，一般性参数测试中的外观、外形和安装尺寸、质量、驱动电机控制器壳体机械强度、液冷系统冷却回路密封性能等项目的测试方法比较简单，可以参阅 GB/T 18488.2—2015《电动汽车用驱动电机系统 第2部分：试验方法》，这里不再赘述。

表6-1 电机系统的测试项目

测试分类	测试项目名称及主要测试内容	
一般性参数测试	外观	
	外形和安装尺寸	
	质量	
	驱动电机控制器壳体机械强度	
	液冷系统冷却回路密封性能	
	驱动电机定子绕组冷态直流电阻	
	绝缘电阻	驱动电机定子绕组对机壳的绝缘电阻
		驱动电机定子绕组对温度传感器的绝缘电阻
		驱动电机控制器绝缘电阻
	耐电压	驱动电机绕组的匝间冲击耐电压
		驱动电机绕组对机壳的工频耐电压
		驱动电机绕组对温度传感器的工频耐电压
		驱动电机控制器工频耐电压
	超速	
温升测试	温升	

(续)

测试分类	测试项目名称及主要测试内容	
输入输出特性测试	工作电压范围	
	转速-转矩特性	
	持续转矩	
	持续功率	
	峰值转矩	
	峰值功率	
	堵转转矩	
	最高工作转速	
	驱动电机系统效率	驱动电机系统高效工作区
		驱动电机系统最高效率
	控制精度	转速控制精度
		转矩控制精度
	响应时间	转速响应时间
		转矩响应时间
	驱动电机控制器工作电流	驱动电机控制器持续工作电流
		驱动电机控制器短时工作电流
		驱动电机控制器最大工作电流
	馈电特性	
安全性测试	安全接地检查	
	驱动电机控制器的保护功能	
	驱动电机控制器支撑电容放电时间	
环境适应性参数测试	低温	
	高温	
	湿热	
	耐振动	
	防水、防尘	
	盐雾	
可靠性测试	可靠性	
电磁兼容测试	电磁兼容	

6.1 整体试验准备

1. 试验环境条件

如无特殊规定,电机系统在测试评价过程中的环境条件如下:
1)温度:18~28℃。

2）相对湿度：45%~75%RH。

3）气压：86~106kPa。

4）海拔：不超过1000m；若超过1000m，应按GB/T 755—2019《旋转电机定额和性能》的有关规定进行。

2. 仪器准确度

仪器的准确度或误差应不低于表6-2的要求，并满足实际测量参数的精度要求。尤其对于电气参数测量的仪器仪表，应能够满足相应的直流参数和交流参数测量的精度和波形要求。

表6-2 试验仪器准确度

项号	试验仪器	准确度或误差
1	电气测量仪器	0.5级（兆欧表除外）
2	分流器或电流传感器	0.2级
3	转速测量仪	±2r/min
4	转矩测量仪	0.5级
5	温度计	±1℃
6	微欧计	0.2级
7	兆欧表	±5% rdg

若用分流器测量电流，测量线的电阻应按所用测量仪器选配。

测量时，各仪器的读数应同时读取。

3. 试验电源

试验过程中，试验电源由动力直流电源提供，或者由动力直流电源和其他储能（耗能）设备联合提供；试验电源的工作直流电压不大于250V时，其稳压误差应不大于±2.5V；试验电源的工作直流电压大于250V时，其稳压误差应不超过被试驱动电机系统直流工作电压的±1%。

试验电源能够满足被试驱动电机系统的功率要求，并能够工作于相应的工作电压状态。

4. 布线

试验中布线的规格应与车辆中的实际布线一致，布线长度宜与车辆中的实际布线相同。

如果试验中的布线对测量结果产生实质性影响，则应调整相应的外线路阻抗，使之与车辆中布线的阻抗尽可能相等。

5. 冷却装置

驱动电机和驱动电机控制器的冷却条件宜模拟其在车辆中的实际使用条件，驱动电机和驱动电机控制器冷却装置的型号、冷却液的种类、流量和温度应记录于试验报告中。

6. 信号屏蔽

为确保驱动电机系统能够正常试验，必要时，制造商应对关联信号进行模拟或者通过其他方法进行屏蔽。

6.2 基于台架的电机系统性能参数测试

基于电力测功机、电涡流测功机等多种测功设备建立的试验台架是车用电机系统的重要性能试验设备，完整的试验台架一般包括测功机、电池模拟器（直流电源）、电功率分析仪、转速转矩仪、冷却系统、数据采集系统、台架控制及通信系统、联轴器，以及其他机械的和电气的连接设备。有效利用试验台架进行电机系统的性能试验，能够准确地完成相应的参数测量，充分了解车用电机系统的工作能力，加快车用电机系统以及整车的开发速度。

6.2.1 电机温升测试

1. 测试目的

测试不同工作条件下驱动电机的平均工作温升。

2. 测试设备

测功机、转速转矩仪、电池模拟器、电功率分析仪、数采及显示仪表、测温计、微欧计、被测电机及控制器系统等。

3. 依据标准

GB/T 18488.1—2015《电动汽车用驱动电机系统 第1部分：技术条件》。

GB/T 18488.2—2015《电动汽车用驱动电机系统 第2部分：试验方法》。

GB/T 755—2019《旋转电机 定额和性能》。

4. 测试方法与步骤

（1）驱动电机绕组电阻的测量

电机绕组的温升宜用电阻法测量，此方法依据试验期间驱动电机绕组的直流电阻随温度的变化而相应变化的增量来确定绕组的温升。

试验前，按照测量驱动电机定子绕组冷态直流电阻方法，测量驱动电机某一绕组的实际冷态直流电阻（或者试验开始时的绕组直流电阻）。如果各相绕组在电机内部连接，那么可以测量某两个出线端之间的直流电阻，并记录绕组温度。

试验时，使驱动电机系统在一定的工作状态下运行，电机断能后立即停机，尽量降低停机过程对驱动电机绕组温度变化的影响。在断能时刻开始记录时间，并记录冷却介质温度。尽快测量驱动电机绕组的电阻随时间的变化情况，绕组电阻的测量点与试验前的绕组电阻测量点相同。第一个记录时间点应不超过断能时刻30s，从第一个记录点开始，最长每隔30s记录一次数据，直至绕组电阻变化平缓为止，记录时间总长度宜不低于5min。

(2) 冷却介质温度的测定

对采用周围环境空气或气体冷却的驱动电机（开启式电机或无冷却器的封闭式电机），环境空气或气体的温度应采用不少于4个测温计测量，测温计应分布在驱动电机周围不同的地点，测点距离驱动电机1~2m，测点高度位于驱动电机高度1/2的位置，并防止一切辐射和气流的影响。将多个测温计读数的平均值作为当前温度。

采用强迫通风或具有闭路循环风冷系统的驱动电机，应在驱动电机进风口处测量冷却介质温度。

采用液体冷却的驱动电机，应取冷却液进口处的温度作为绕组冷却介质的温度。

试验结束时的冷却介质温度，应取断能时刻的冷却介质温度。

5. 数据处理及评价指标

（1）数据处理

试验过程中测量电机输出的转速、转矩和功率，确保在要求的工作条件下运行。测量冷却系统在相应时刻的温度（包括电机开始工作时刻、工作结束断能时刻），测量电机在开始工作和断能后的电阻及变化趋势等数据。根据测量数据，进行温升的计算。

1）驱动电机绕组温升计算。对于驱动电机绕组是铜绕组的情况，电机断能瞬间的温升由式（6-1）计算获得。

$$\Delta\theta = \frac{R_0 - R_C}{R_C}(235 + \theta_C) + \theta_C - \theta_0 \tag{6-1}$$

式中，$\Delta\theta$ 是驱动电机绕组温升（K）；R_0 是驱动电机断能时刻的绕组电阻（mΩ）；R_C 是驱动电机开始试验前的实际冷态直流电阻（mΩ）；θ_0 是驱动电机断能时刻冷却介质的温度（℃）；θ_C 是对应实际冷态电阻测定时刻的绕组温度（℃）。

对于驱动电机绕组是铜以外的其他材料，应采用该材料在0℃时的电阻温度系数的倒数来代替式（6-1）中的数值235。对于铝质绕组，除另有规定外，应采用225。

2）驱动电机断能时刻绕组电阻 R_0 的外推计算方法。利用测量得到的驱动电机断能后绕组电阻随时间的变化数据，绘制电阻与时间的关系曲线。推荐采用半对数坐标，电阻标在对数坐标上，并在坐标图中将此曲线外推至驱动电机断能时刻，所获得的电阻即为驱动电机断能时刻的电阻。

如果驱动电机停止转动后测得的电阻连续上升，则应以测得电阻的最高值作为断能时刻的电阻。

通过外推法获得驱动电机断能时刻的电阻值，利用式（6-1）获得驱动电机断能时刻的绕组温升。

如果驱动电机断能后第一次测量得到绕组电阻读数的时间超过断能时刻30s，则本计算方法只有在制造商与用户取得协议后才能采用。

（2）评价指标

考虑到绕组的平均温升和工作温度，按照电机规定的绝缘等级评判其是否合格，评价的依据为 GB/T 755—2019《旋转电机　定额和性能》中的相关规定，必要时要进行数值的修正。

例如，对于某一水夹套冷却电机，热分级为 H（180℃），工作功率在600W～5000kW 之间（电动汽车驱动电机一般在 200kW 以下），采用电阻法测量绕组温升。根据 GB/T 755—2019《旋转电机　定额和性能》中的相关规定，其温升为不超过 125K，此为空气间接冷却绕组的温升限值。对该数据进行修正，考虑 GB/T 755—2019《旋转电机　定额和性能》中的相关规定，如果冷却水温度在 5～25℃之间，则需要再增加 15K，另外还可增加冷却水温低于 25℃的部分数值；如果冷却水温度超过 25℃，则需要增加 15K 并减去最高水温超过 25℃的部分数值。

另外，工作海拔对电机绕组的温升也有一定的影响，可以参考 GB/T 755—2019《旋转电机　定额和性能》中的相关规定。

6.2.2　工作电压范围测试

1. 测试目的

测试确保电机系统有效功率输出的直流母线电压工作范围。

2. 测试设备

测功机、转速转矩仪、电池模拟器、电功率分析仪、数采及显示仪表、被测电机及控制器系统等。

3. 依据标准

GB/T 18488.1—2015《电动汽车用驱动电机系统　第1部分：技术条件》。

GB/T 18488.2—2015《电动汽车用驱动电机系统　第2部分：试验方法》。

4. 测试方法与步骤

台架试验时，将驱动电机系统的直流母线电压分别设定在最高工作电压处和最低工作电压处。最高工作电压和最低工作电压的数值可以根据产品技术文件确定，也可以根据车载电源可供输出的高压值和低压值确定。在不同工作电压下，测试在不同工作转速下的最大工作转矩。

在驱动电机系统转速范围内的测量点数不少于 10 个，绘制转速-转矩特性曲线。

5. 数据处理及评价指标

（1）数据处理

试验时，记录在最高工作电压和最低工作电压运行时每个转速点对应的稳定的转矩数值，并根据数据记录绘制转速-转矩特性曲线。

（2）评价指标

检查转矩输出（或者转速-转矩特性曲线）是否能符合产品技术文件的规定。

6.2.3 电机系统输入输出特性测试

1. 测试目的

测试电机系统输入输出的机械特性和电气特性，以及相应的控制特性。

2. 测试设备

测功机、转速转矩仪、电池模拟器、电功率分析仪、数采及显示仪表、测温计、被测电机及控制器等。

3. 依据标准

GB/T 18488.1—2015《电动汽车用驱动电机系统 第1部分：技术条件》。

GB/T 18488.2—2015《电动汽车用驱动电机系统 第2部分：试验方法》。

4. 测试方法与步骤

台架试验时，将驱动电机系统的直流母线电压设定在最高工作电压和最低工作电压之间。在不同工作电压下，测试在不同工作转速下的工作转矩，记录稳定的转速和转矩数值。

（1）转速-转矩特性

1）测试点的选取。

① 转速测试点的选取：在驱动电机系统工作转速范围内，一般取不少于10个转速点。最低转速点的转速宜不大于最高工作转速的10%，相邻转速点之间的转速间隔不大于最高工作转速的10%。测试点选择时应包含必要的特征点，如额定工作转速点、最高工作转速点、持续功率对应的最低工作转速点以及其他特殊定义的工作点等。

② 转矩测试点的选取：在驱动电机系统电动或馈电状态下，在每个转速点上一般取不少于10个转矩点；对于高速工作状态，在每个转速点上选取的转矩点数可以适当减少，但不宜低于5个。测试点选择时应包含必要的特征点，如持续转矩数值处的点、峰值转矩（或最大转矩）数值处的点、持续功率曲线上的点、峰值功率（或最大功率）曲线上的点以及其他特殊定义的工作点等。

2）测试步骤。非特殊说明，宜使用测功机或具备测功机功能的设备作为负载，被试驱动电机系统应处于热工作状态，驱动电机控制器的直流母线工作电压为额定电压。

试验时，可以根据试验目的设置试验条件。驱动电机系统可以在实际冷状态或者热状态条件下试验，驱动电机控制器的直流母线电压可以设置在最高工作电压、最低工作电压、额定工作电压或其他工作电压处。试验的转速和转矩可以是一个工作点，也可以是一条特性曲线或者全部工作区。必要时，需要在试验报告中记录相应的试验条件。

试验时，驱动电机控制器输入输出功率可以通过测量驱动电机控制器输入或输出的电压和电流计算获得。测量时，电压和电流的测量点应在驱动电机控制器靠近接线端子处。控制器输入功率和输出功率也可以使用功率表直接测量获得。

试验过程中，为保证测量的精度，驱动电机的工作转矩和转速宜直接在驱动电机轴端测量，此时，驱动电机轴端和转矩转速测量设备之间应是刚性连接。如果可以忽略联轴装置的传动效率和中间的风磨损耗，也可以在驱动电机轴端与转矩转速测量设备之间放置联轴环节，此时，转速转矩测量设备的读数即为驱动电机轴端的输出值。

试验过程中，应防止被试驱动电机系统过热而影响测量的准确性。必要时，可以分段测量转速 – 转矩特性。

一般情况下，驱动电机控制器和驱动电机之间的电力传输线缆不会对测量结果产生明显影响。如果线缆的长度或阻抗严重影响到了被试系统的工作特性，则需要调整线缆，或者对测量结果予以修正，以避开或减少影响。

（2）持续转矩

持续转矩为电机驱动系统规定的最大、长期工作的转矩。除非特殊说明，试验过程中，驱动电机控制器直流母线电压设定为额定电压，驱动电机系统可以工作于电动或馈电状态。

试验时，使驱动电机系统工作于规定的转矩和转速条件下。一般情况下，试验的转速和转矩由电机设计所决定，也可以由被测方根据实际的使用情况提出相关的测点。测试过程中，驱动电机系统应保持长时间正常工作。

持续转矩可以是一个工作区域的外包络线，在不同的工作转速处对应着相应的持续转矩。

（3）持续功率

按照测试获得的持续转矩和相应的工作转速即可计算获得驱动电机在相应工作点的持续功率。

（4）峰值转矩

可以在驱动电机系统实际冷态下进行峰值转矩试验。除非特殊说明，试验过程中，驱动电机控制器直流母线电压设定为额定电压，驱动电机系统可以工作于电动或馈电状态。

试验时，使驱动电机系统工作于规定数值的峰值转矩、转速和持续时间等条件下，驱动电机系统应能够正常工作。

峰值转矩试验持续时间可以按照用户或制造商的要求进行，建议制造商提供驱动电机系统能够持续 1min 或 30s 工作时的峰值转矩作为参考，并进行试验测量。

如果需要多次从事峰值转矩的测量，宜将驱动电机恢复到实际冷态后，再进行第二次试验测量。如果用户或制造商同意，则可以在不降低试验强度的情况下，允许驱动电机没有恢复到冷态时开始第二次试验测量。如果这样调整后，试验测量得到的温升值和温度值较大，或者超过了相关的限值要求，则不应做这样的调整，以确保试验结果的准确性。

峰值转矩也可以是一个工作区域的外包络线，在不同的工作转速处对应着相应的峰值转矩。

作为峰值转矩的一种特殊情况，可以测试驱动电机系统在每个转速工作点的最大转矩。试验过程中，在最大转矩处的试验持续时间可以很短，一般情况下远低于 30s。根据试验数据，绘制驱动电机系统转速 - 最大转矩曲线。

（5）峰值功率

按照测试获得的峰值转矩和相应的工作转速即可计算获得驱动电机在相应工作点的持续功率。

（6）堵转转矩

除非特殊说明，试验过程中，将驱动电机控制器直流母线电压设定为额定电压。

试验时，应将驱动电机转子堵住，驱动电机系统工作于实际冷状态下，通过驱动电机控制器为驱动电机施加所需的堵转转矩，记录堵转转矩和堵转时间。

改变驱动电机定子和转子的相对位置，沿圆周方向等分取 5 个堵转点，分别重复以上试验，每次重复试验前，宜将驱动电机恢复到实际冷状态。每次堵转试验的堵转时间应相同。

（7）最高工作转速

试验过程中，将驱动电机控制器直流母线电压设定为额定电压，驱动电机系统宜处于热工作状态。

试验时，匀速调节试验台架，使驱动电机的转速升至最高工作转速，并施加不低于产品技术文件规定的负载。驱动电机系统工作稳定后，在此状态下的持续工作时间不少于 3min。

（8）高效工作区

在驱动电机系统转速转矩的工作范围内，按照"转速 - 转矩特性"部分说明的方法选择试验测试点，测试点应分布均匀，并且数量不宜低于 100 个。

试验时,被试驱动电机系统应达到热工作状态,驱动电机控制器的直流母线工作电压为额定电压,驱动电机系统可以工作于电动或馈电状态,在不同的转速和不同的转矩点进行试验。

(9) 最高效率

可以按照以下两种方式之一选择测试点:①按照制造商或产品技术文件提供的最高效率工作点进行测试;②结合高效工作区试验进行,选择所有测试点中效率最高值即视为最高效率。

试验时,被试驱动电机系统应达到热工作状态,驱动电机控制器的直流母线工作电压为额定电压,驱动电机系统可以工作于电动或馈电状态,在相应测测试点进行试验。

(10) 控制精度

1) 转速控制精度。试验时,将驱动电机控制器直流母线电压设定为额定电压,驱动电机系统处于空载、热态、电动工作状态。

对具有转速控制功能的驱动电机系统,在10%~90%最高工作转速范围内,均匀取10个不同的转速点作为目标值。按照某一转速目标值设定驱动电机控制器或上位机软件,驱动电机由静止状态直接旋转加速,直至转速达到稳定状态,此过程中不应对驱动电机控制器或上位机软件做任何调整。

对于无转速控制功能的驱动电机系统,不进行该项试验。

2) 转矩控制精度。试验时,将驱动电机控制器直流母线电压设定为额定电压,驱动电机系统处于热态、电动工作状态。

对具有转矩控制功能的驱动电机系统,在设定转速条件下的10%~90%峰值转矩范围内,均匀取10个不同的转矩点作为目标值。按照某一转矩目标值设定驱动电机控制器或上位机软件,驱动电机输出由零转矩直接工作至转矩和转速稳定状态,此过程中不应对驱动电机控制器或上位机软件做任何调整。

加载过程中,驱动电机的工作转速会发生变化,其设定转速可以由测功机设定并控制。

对于无转矩控制功能的驱动电机系统,不进行该项试验。

(11) 响应时间

1) 转速响应时间。试验时,将驱动电机控制器直流母线电压设定为额定电压,驱动电机系统处于空载、热态、电动工作状态。

对具有转速控制功能的驱动电机系统,按照转速期望值设定驱动电机控制器或上位机软件,驱动电机由静止状态直接旋转加速,此过程中不应对驱动电机控制器或上位机软件做任何调整。

试验时,应改变驱动电机定子和转子的相对起始位置,沿圆周方向等分取5个点,在同一转速期望值条件下分别重复以上试验,取5次测量结果中记录时间的最大值作为驱动电机系统对该转速期望值的转速响应时间。

对于无转速控制功能的驱动电机系统，不进行该项试验。

2）转矩响应时间。试验时，将驱动电机控制器直流母线电压设定为额定电压，驱动电机系统处于堵转、热态、电动工作状态。

对具有转矩控制功能的驱动电机系统，在堵转状态下，按照转矩期望值设定驱动电机控制器或上位机软件，对电机进行转矩控制，使驱动电机输出转矩从零快速增大，此过程中不应对驱动电机控制器或上位机软件做任何调整。

试验时，应改变驱动电机定子和转子的相对起始位置，沿圆周方向等分取5个点，在同一转矩期望值条件下分别重复以上试验，取5次测量结果中记录时间的最大值作为该驱动电机系统对该转矩期望值的转矩响应时间。

对于无转矩控制功能的驱动电机系统，不进行该项试验。

（12）驱动电机控制器工作电流

驱动电机控制器与对应的驱动电机连接后一并进行台架试验，组成的驱动电机系统可以工作于电动或馈电状态。

试验时，按照制造商或者产品技术文件的规定设置台架试验条件，如驱动电机控制器直流母线电压、驱动电机工作转速和转矩、试验持续时间等。

1）驱动电机控制器持续工作电流。在一定的台架试验条件下，驱动电机系统如果能够长时间持续稳定工作，此时测量得到的电流为驱动电机控制器持续工作电流。

2）驱动电机控制器短时工作电流。按照制造商或者产品技术文件的规定，通过改变台架试验条件（例如改变电机的工作功率或者转矩）增大驱动电机控制器的工作电流，使得驱动电机系统能够在较短的时间内正常稳定工作。此时测量得到的电流为驱动电机控制器在对应工作时间内的短时工作电流，驱动电机控制器短时工作电流的持续时间宜不低于30s。

3）驱动电机控制器最大工作电流。按照制造商或者产品技术文件的规定，改变台架试验条件（例如改变电机的工作功率或者转矩）进一步增大驱动电机控制器的工作电流。试验持续时间可以很短，一般情况下远低于30s，此时测量得到的电流为驱动电机控制器最大工作电流。

（13）馈电特性

馈电特性相对于电机系统的电动特性，电动状态是将电能转换为机械能，以机械功率的形式输出；而馈电状态是将机械能转换为电能，以电功率的形式输出，因此，电动状态和馈电状态是电机系统的两种不同的工作状态。电动状态对应的主要测试内容同样适用于馈电状态，例如，电机在不同的电动状态（驱动状态）下可以测量工作温升，在不同的馈电状态（制动状态）下也可以测量工作温升；电机系统在电动状态下具有效率特性，在馈电状态下也具有效率特性；

电机系统在电动状态下具有持续转矩特性,在馈电状态下也有持续转矩特性等。很多情况下,对于同样的测量,电机系统在电动状态和驱动状态下的测量结果是不一致的,因此有必要根据需要分别予以测试和分析。在测量方法上,馈电状态下特性参数的测量方法与电动状态下特性参数的测量方法一致。

试验时,被试驱动电机系统由原动机(测功机)拖动,处于馈电状态,根据试验目的和测量参数的不同,驱动电机控制器工作于设定的直流母线电压条件下,驱动电机在相应的工作转速和转矩负载下进行馈电试验。

5. 数据处理及评价指标

(1) 数据处理

试验过程中需要测量的数据包括电机控制器直流母线电压和电流、交流电压和电流、电机轴端的转速和转矩、电压电流或者转速转矩变化的时间和稳定性等,在此基础上,对机械功率、电功率、效率等参数进行计算。试验过程中要记录相应的冷却条件(例如冷却液的温度、流量等),对于试验结果,必要时,还要考虑风磨耗、测量误差等因素,对相应的参数进行修正。

对于不同的试验内容,数据处理的侧重点也不一样。

1)转速-转矩特性。按照试验要求测量工作转速和转矩,并绘制横坐标为转速、纵坐标为转矩的工作特性曲线,形成相应的转速-转矩特性曲线。

2)持续转矩。记录工作过程中的电机轴端工作转速和转矩,同时记录相应的直流母线电压电流和交流电压电流,记录工作持续时间和相应的冷却条件。在不同工作转速处测试持续转矩,并绘制转速-持续转矩曲线。对于不同的工作点,在较长的工作时间之后(例如2h之后),按照式(6-1)计算电机绕组工作温升。

3)持续功率。按照式(6-2)计算持续功率,并绘制转速-持续功率工作特性曲线。

$$P_m = \frac{Tn}{9550} \tag{6-2}$$

式中,P_m是驱动电机轴端的持续功率(kW);T是驱动电机的转矩(N·m);n是驱动电机的转速(r/min)。

4)峰值转矩。记录工作过程中的电机轴端工作转速和转矩,同时记录相应的直流母线电压电流和交流电压电流,记录工作持续时间和相应的冷却条件。在不同工作转速处测试峰值转矩,并绘制转速-峰值转矩曲线。对于不同的工作点,在规定的工作持续时间后,按照式(6-1)计算电机绕组工作温升。

5)峰值功率。考虑峰值转矩(或者最大转矩),按照式(6-2)可以计算获得峰值功率(或者最大功率),并绘制转速-峰值功率工作特性曲线(或者转速-最大功率工作特性曲线)。

6) 堵转转矩。记录5次堵转试验中堵转数值和堵转时间,取5次测量结果中堵转转矩的最小值作为该驱动电机系统的堵转转矩。

7) 最高工作转速。工作稳定后,记录工作负载、工作转速和时间,每30s记录一次驱动电机的输出转速和转矩,将3min内转速波动的最低值作为最高工作转速。

8) 高效工作区。根据需要记录驱动电机轴端的转速、转矩,以及驱动电机控制器直流母线电压和电流、交流电压和电流等参数,按照式(6-3)~式(6-6)计算各个试验点的效率。

① 驱动电机控制器效率:驱动电机控制器效率分为驱动电机系统电动状态时控制器的效率和驱动电机系统馈电状态时控制器的效率,其值应根据驱动电机控制器输出功率和输入功率的比值计算确定。驱动电机控制器效率按照式(6-3)计算。

$$\eta_c = \frac{P_{co}}{P_{ci}} \times 100\% \tag{6-3}$$

式中,η_c 是驱动电机控制器效率(%);P_{co} 是驱动电机控制器输出功率(kW);P_{ci} 是驱动电机控制器输入功率(kW)。

② 驱动电机效率:驱动电机效率分为驱动电机系统电动状态时的效率和驱动电机系统馈电状态时的效率,其值应根据驱动电机输出功率和输入功率的比值确定。驱动电机效率按照式(6-4)计算。

$$\eta_m = \frac{P_{mo}}{P_{mi}} \times 100\% \tag{6-4}$$

式中,η_m 是驱动电机效率(%);P_{mo} 是驱动电机输出功率(kW);P_{mi} 是驱动电机输入功率(kW)。

③ 驱动电机系统效率:驱动电机系统处于电动工作状态时,输入功率为驱动电机控制器直流母线输入的电功率,输出功率为驱动电机轴端的机械功率,驱动电机系统电动工作状态下的效率按照式(6-5)计算。

$$\eta = \frac{Tn}{9.55UI} \times 100\% \tag{6-5}$$

驱动电机系统处于馈电工作状态时,输入功率为驱动电机轴端的机械功率,输出功率为驱动电机控制器直流母线输出的电功率,驱动电机系统馈电工作状态下的效率按照式(6-6)计算。

$$\eta = \frac{9.55UI}{Tn} \times 100\% \tag{6-6}$$

式(6-5)和式(6-6)中,η 是驱动电机系统的效率(%);n 是驱动电机转速(r/min);T 是驱动电机轴端转矩(N·m);U 是驱动电机控制器直流母线电压平均值（V）；I 是驱动电机控制器直流母线电流平均值（A）。

在驱动电机系统转速转矩的工作范围内，均匀选择不低于 100 个测试工作点，统计符合高效区条件的测试点数量，其值和总的试验测试点数量的比值，即为高效工作区的比例。

也可以通过对试验和计算的数据进行拟合等方式获得驱动电机、驱动电机控制器或驱动电机系统的高效工作区。

将被测系统工作点的效率绘制在转速 - 转矩特性曲线上，并拟合形成等效率曲线，即可获得相应的效率分布 MAP 图。

9）最高效率。测量电机系统相应工作点的直流母线电压电流、交流电压电流、电机轴端转速和转矩，并按照式（6-3）~式(6-6) 计算相关效率。

10）控制精度。

① 转速控制精度。在选择的电机不同工作转速处，记录设定转速和驱动电机系统工作稳定后的实际转速，并计算实际转速与目标转速的差值，或者实际转速与目标转速的偏差占目标转速值的百分比，此值即为这一转速目标值对应的转速控制精度。

在所有测试转速处，转速控制精度中的误差最大者就是该驱动电机系统的转速控制精度。

② 转矩控制精度。在一定的工作转速条件下，在选择的电机不同工作转矩处，记录设定转矩和驱动电机系统工作稳定后的实际转矩值，并计算实际转矩与目标转矩的差值，或者实际转矩与目标转矩的偏差占目标转矩值的百分比，此值即为在特定转速条件下，这一转矩目标值对应的转矩控制精度。

对每一个转矩目标值均进行以上试验，选取转矩控制精度中的误差最大值，即为特定转速条件下驱动电机系统的转矩控制精度。

11）响应时间。

① 转速响应时间。记录驱动电机控制器从接收到转速期望指令信息开始至电机转速第一次达到规定容差范围的期望值所经过的时间，取 5 次测量结果中记录时间的最大值作为驱动电机系统对该转速期望值的转速响应时间。

② 转矩响应时间。记录驱动电机控制器从接收到转矩期望指令信息开始至电机输出转矩第一次达到规定容差范围的期望值所经过的时间，取 5 次测量结果中记录时间的最大值作为驱动电机系统对该转矩期望值的转矩响应时间。

12）驱动电机控制器工作电流。试验时，测量驱动电机控制器工作电流的均方根值。记录驱动电机系统的持续工作时间以及对应的工作电流，并根据工作持续时间判断控制器的持续工作电流、短时工作电流或者最大工作电流。

必要时，按照式（6-1）计算电机绕组工作温升。

13）馈电特性。记录馈电状态时驱动电机控制器的直流母线电压、直流母线电流、驱动电机各相的交流电压、交流电流,以及驱动电机轴端的转速和转矩等参数,同时计算获得功率、馈电效率等数值,绘制相关曲线。

必要时,可以考虑试验期间的功率损耗(例如风磨耗、测量误差等),对试验结果进行修正。

(2)评价指标

1)转速-转矩特性。满足产品技术文件的规定。

2)持续转矩。满足产品技术文件的规定,并且不超过驱动电机规定的温升限值(热分级限值)。

3)持续功率。满足产品技术文件的规定。

4)峰值转矩。满足产品技术文件的规定,并且不超过驱动电机规定的温升限值(热分级限值)。

峰值转矩测试过程中,在规定的转矩、转速和持续时间条件下,电机绕组的工作温升应尽可能从低值接近或者达到电机规定的热分级限值,否则不能作为峰值转矩的测试数据。

5)峰值功率。满足产品技术文件的规定。

6)堵转转矩。满足产品技术文件的规定。

7)最高工作转速。工作正常无异响,其指标满足产品技术文件的规定。

8)高效工作区。定义系统效率大于80%的区域为驱动电机系统的高效区,统计符合条件的测试点数量,其值和总的试验测试点数量的比值,即为高效工作区的比例。

用户和制造商可以协商确定该高效区的阈值,驱动电机或者驱动电机控制器的高效区也可以相应地协商确定。

9)最高效率。满足产品技术文件的规定。

10)控制精度。转速控制精度和转矩控制精度均应满足产品技术文件的规定。

11)响应时间。转速响应时间和转矩响应时间均应满足产品技术文件的规定。

12)驱动电机控制器工作电流。驱动电机系统应能够在规定的工作时间和工作电流条件下正常稳定工作,并且不超过驱动电机的绝缘等级和规定的温升限值。

13)馈电特性。馈电是电机系统的一种状态,涉及的指标与状态几乎相同。与此对应,馈电状态下的各项指标均应满足产品技术文件的规定,或者相应的绝缘等级和温升限值要求。

以上参数主要用于评价车用电机系统的输入输出特性,反映了产品的工作能力,没有严格的评价指标来确定产品性能的好坏。单就电机系统本身来说,一般要求在一定的绕组温升条件下，转矩、功率、效率、工作电流等参数越大越好，响应时间越短越好，控制精度越高越好。但是实际上，不同类型电动汽车上驱动电机的应用要求是不同的，涉及是否满足特定应用的技术要求时，需要用户和供应商予以协商，按照实际的使用要求和使用场合，提出相应的参数规格要求以及相应的技术文件。例如，在强调动力性的应用场合，一般在峰值特性（峰值转矩和峰值功率）、堵转特性、响应时间（转矩响应时间或者转速响应时间）等参数指标方面有较高的要求；在强调经济性的应用场合，一般在效率特性（高效区、最高效率）等方面会有较高的要求；对于高速驱动的应用场合，电机系统的最高工作转速、高速区的效率特性和转矩特性将会成为技术要求的重点。

在考虑电机系统上述参数的同时，其车载安装空间、体积、重量和成本也是非常重要的考虑因素。

6.3 电机系统安全性和环境适应性测试

6.3.1 安全性测试

电机系统安全性测试主要包括安全接地检查、控制器保护功能测试、控制器支撑电容放电时间等内容。

1. 测试目的

测试电机系统的安全特性，确保系统应用安全。

2. 测试设备

测功机、电功率分析仪、电压表、温度计、微欧计、秒表（建议精度不低于0.1s）。

3. 依据标准

GB/T 18488.1—2015《电动汽车用驱动电机系统　第1部分：技术条件》。
GB/T 18488.2—2015《电动汽车用驱动电机系统　第2部分：试验方法》。
GB/T 13422—2013《半导体变流器　电气试验方法》。
GB/T 3859.1—2013《半导体变流器　通用要求和电网换相变流器　第1-1部分：基本要求规范》。

4. 测试方法与步骤

（1）安全接地检查

根据GB/T 13422—2013中5.1.3的要求，采用直接测量法测量。

测量前，应将被测件与供电电源和负载断开，并清理规定的测量点处的污秽（如果有）。测量时，仪表端子分别连接至接地端子和机壳（或应接地的导电金属件）。量具推荐采用毫欧表。

(2) 控制器保护功能

主要检查电机控制器的短路、过电流、过电压、欠电压、过热等保护功能。

需要检查过电流保护装置的整定值及其保护动作情况；检查快速熔断器和快速开关的正确动作；检查过电压和欠电压保护装置的性能；检查冷却设备流速、流量、压力以及传感器超温等保护器件动作的可靠性；检查安全接地装置和开关的正确设置及各种保护间的协调动作。

由于保护装置及其组合的种类繁多，不可能对这些装置的检查制定通用规则，因此，需要针对具体的电机控制器的设计结构及控制逻辑设计检查方案。检查过程中，应尽可能在不超过元器件额定值的应力下进行。

设计试验方案时，可以参考 GB/T 3859.1—2013 中的规定。

(3) 驱动电机控制器支撑电容放电时间

1) 被动放电时间。试验时，直流母线电压应设定为最高工作电压，电压稳定后，立即切断直流供电电源，同时利用电气测量仪表测取驱动电机控制器支撑电容两端的开路电压。试验期间，驱动电机控制器不参与任何工作。记录支撑电容开路电压从切断时刻直至下降到 60V 经过的时间，此数值即为驱动电机控制器支撑电容的被动放电时间。

2) 主动放电时间。对于具有主动放电功能的驱动电机控制器，试验时，直流母线电压应设定为最高工作电压，电压稳定后，立即切断直流电源，并且驱动电机控制器参与放电过程，利用电气测量仪表测取驱动电机控制器支撑电容两端的开路电压。记录支撑电容开路电压从切断时刻直至下降到 60V 经过的时间，此数值即可作为驱动电机控制器支撑电容的主动放电时间。

5. 数据处理及评价指标

(1) 数据处理

1) 记录试验过程中数据。

2) 安全接地检查试验过程中，需要测量电阻的大小。

3) 控制器保护功能试验过程中，需要根据试验方案记录工作电压、电流、温度等数据。

4) 驱动电机控制器支撑电容放电时间试验过程中，需要记录支撑电容电压及放电时间。

(2) 评价指标

一般情况下，驱动电机及驱动电机控制器中能触及的可导电部分与外壳接地点处的电阻不应大于 0.1Ω，接地点应有明显的接地标志。若无特定的接地点，应在有代表性的位置设置接地标志。

驱动电机控制器在短路、过电流、过电压、欠电压和过热的情况下能够提供安全保护功能，包括促使系统停机或者降功率运行。系统在重新回到正常工作条件下，其工作性能应该能够满足产品技术文件的规定。

当对驱动电机控制器有被动放电要求时，驱动电机控制器支撑电容放电时间应不大于5min；当对驱动电机控制器有主动放电要求时，驱动电机控制器支撑电容放电时间应不超过3s。

6.3.2 环境适应性测试

环境适应性测试主要包括低温试验、高温试验、湿热试验、耐振动试验、防水防尘试验和盐雾试验等。

1. 测试目的

考核车用电机及其控制器耐受环境应力的能力。

2. 设备

测功机、高低温箱、振动试验台、防水防尘试验箱、盐雾箱、兆欧表。

3. 依据标准

GB/T 18488.1—2015《电动汽车用驱动电机系统 第1部分：技术条件》。

GB/T 18488.2—2015《电动汽车用驱动电机系统 第2部分：试验方法》。

GB/T 2423.1—2008《电工电子产品环境试验 第1部分：试验方法 试验A：低温》。

GB/T 2423.2—2008《电工电子产品环境试验 第2部分：试验方法 试验B：高温》。

GB/T 2423.10—2019《环境试验 第2部分：试验方法 试验Fc：振动（正弦）》。

GB/T 2423.17—2008《电工电子产品环境试验 第2部分：试验方法 试验Ka：盐雾》。

GB/T 28046.3—2011《道路车辆 电气及电子设备的环境条件和试验 第3部分：机械负荷》。

GB/T 4942.1—2006《旋转电机整体结构的防护等级（IP代码）-分级》。

GB/T 4208—2017《外壳防护等级（IP代码）》。

4. 测试方法与步骤

（1）低温试验

进行低温贮存试验时，将驱动电机和电机控制器正确连接，按照GB/T 2423.1—2008的规定，放入低温箱内，使箱内温度降至-40℃，并保持2h。试验过程中，驱动电机系统处于非通电状态，对于液冷式驱动电机及驱动电机控制器，不通入冷却液。低温贮存2h后，在低温箱内复测绝缘电阻，复测绝缘电阻期间，低温箱内的温度应保持在-40℃。

低温贮存2h后，低温箱内的温度继续保持在-40℃，在低温箱内为驱动电机系统通电，检查能否正常空载启动。对于液冷式驱动电机及驱动电机控制器，若要求在启动过程中通入冷却液，冷却液的成分、温度及流量按照产品技术文件规定。

试验结束，按照 GB/T 2423.1—2008 的规定恢复常态后，将驱动电机控制器直流母线工作电压设定为额定电压，驱动电机工作于持续转矩、持续功率条件下，检查系统能否正常工作。

(2) 高温试验

进行高温贮存试验时，将驱动电机和电机控制器放入高温箱内，按照 GB/T 2423.2—2008 的规定，使箱内温度升至 85℃，并保持 2h。试验过程中，驱动电机系统处于非通电状态，对于液冷式驱动电机及驱动电机控制器，不通入冷却液。高温贮存 2h 后，检查驱动电机轴承内的油脂是否有外溢，在高温箱内复测绝缘电阻，复测绝缘电阻期间，高温箱内的温度应保持在 85℃。

高温贮存 2h，按照 GB/T 2423.2—2008 的规定恢复常态后，将驱动电机控制器直流母线工作电压设定为额定电压，驱动电机工作于持续转矩、持续功率条件下，检查系统能否正常工作。

进行高温工作试验时，将驱动电机和电机控制器正确连接，按照 GB/T 2423.2—2008 的规定，放入高温箱内，按照 GB/T 18488.1—2015 中 5.6.2.2 的要求设置高温箱内的试验环境温度为 55℃，将驱动电机控制器直流母线工作电压设定为额定电压，驱动电机工作于持续转矩、持续功率条件下连续工作 2h。对于液冷式驱动电机及驱动电机控制器，应在试验过程中通入冷却液，冷却液的成分、温度及流量按照产品技术文件规定。高温工作 2h 后，在高温箱内复测绝缘电阻，复测绝缘电阻期间，高温箱内的温度应继续保持不变。

高温工作试验完成后，被试样品应按照 GB/T 2423.2—2008 的规定恢复常态。

对于高温箱内试验环境温度有特殊要求的情况，建议参照表 6-3 规定的高温工作温度限值，并按照用户与制造商确定的试验要求追加试验。

表 6-3 高温工作温度限值

产品的安装部位	上限工作温度/℃
装在发动机上的产品	120，105，90
装在发动机罩下或受日光照射的产品	85，70
装在其他部位的产品	65，55

(3) 湿热试验

将驱动电机和电机控制器放入温度为 (40±2)℃、相对湿度为 90%～95% 的试验环境条件下，保持 48h。试验过程中，驱动电机系统处于非通电状态，对于液冷式驱动电机及驱动电机控制器，不通入冷却液。48h 后，复测绝缘电阻，复测绝缘电阻期间，试验环境条件应继续保持不变。

试验结束恢复常态后，将驱动电机控制器直流母线工作电压设定为额定电压，驱动电机工作于持续转矩、持续功率条件下，检查系统能否正常工作。

(4) 耐振动试验

试验时，将被试样品固定在振动试验台上并处于正常安装位置，在不工作状态下进行试验，同时应将与产品连接的软管、插接器或其他附件安装并固定好。振动试验的检测点一般定为试验夹具与试验台的结合处。

扫频振动试验时，按照表 6-4 设置严酷度等级，在 X、Y、Z 三个方向上按照 GB/T 2423.10—2019 的规定进行试验。

表 6-4 扫频振动试验严酷度等级

产品安装部位	频率 /Hz	振幅 /mm	加速度 /(m/s²)	扫频速率 /(oct/min)	每一方向试验时间/h
发动机上	10~50	2.5		1	8
	50~200	0.16			
	200~500		250		
其他部位	10~25	1.2		1	8
	25~500		30		

注：1. 表中振幅和加速度适用于"Z"方向，对于"X"和"Y"方向，其振幅和加速度可以除以 2。
  2. 振动检验时的"Z"方向规定为：安装在发动机上的产品为与发动机缸孔轴线方向平行的方向；安装在其他部位的产品则为与汽车的垂直方向平行的方向。

随机振动试验时，根据安装的部位按照 GB/T 28046.3—2011 的规定设置严酷度等级，并在 X、Y、Z 三个方向上实施试验。

(5) 防水防尘试验

按照 GB/T 4942.1—2006 和 GB/T 4208—2017 中所规定的方法进行试验。

1) 防水测试。防水试验时，一般是将电机或者控制器完全浸入水中做试验，并满足以下条件：

① 水面应高出被试件顶点至少 150mm。

② 被试件底部应低于水面至少 1m。

③ 试验时间应至少为 30min。

④ 水与被试件的温差应不大于 5K。

⑤ 如果电机内部可以充气，则也可以采用气压法检测：使得被试件内部气压比外部高 10kPa，试验持续时间为 1min，查看是否有空气漏出。

2) 防尘测试。防尘试验装置如图 6-1 所示，在一适当密封的试验箱内盛有呈悬浮状态的滑石粉，滑石粉应能通过筛网间宽度为 75μm、直径为 50μm 的金属方孔。滑石粉的用量按每立方米试验箱内体积为 2kg，使用次数应不超过 20 次。

试验时，被试件支承于试验箱内，用真空泵抽气使被试件壳内气压低于环境气压，利用压差将箱内空气抽入被试件。如有可能，则抽气量至少为 80 倍壳内空气体积，抽气速度应不超过每小时 60 倍壳内空气体积。在任何情况下，压力计上的压差应不超过 2kPa（20mbar）。

如抽气速度达到每小时 40~60 倍壳内空气体积，则试验进行至 2h 为止。

如抽气速度低于每小时 40 倍壳内空气体积且压差已达 2kPa（20mbar），则试验应持续到抽满 80 倍壳内空气体积或试满 8h 为止。

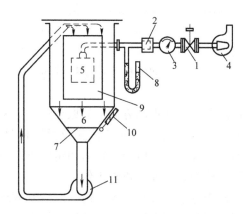

图 6-1　防尘试验装置
1—阀门　2—滤尘器　3—空气流量计　4—真空泵　5—被试电机
6—滑石粉　7—筛网　8—压力计　9—监察窗　10—振动器　11—循环泵

(6) 盐雾试验

按照 GB/T 2423.17—2008 的规定进行盐雾试验。

试验所用的盐应当是高品质的氯化钠，干燥时，碘化钠的含量不超过 0.1%，杂质的总含量不超过 0.3%。盐溶液的浓度应当为 (5±1)%（质量比），配置时采用蒸馏水或者去离子水。试验温度为 (35±2)℃，溶液的 pH 应在 6.5~7.2 之间。

驱动电机及驱动电机控制器在盐雾箱内应处于正常安装状态，试样之间不应有接触，也不能与其他金属部件接触，因此试样应安放好以消除部件之间的影响。试验周期不低于 48h。

试验结束后，驱动电机及驱动电机控制器恢复 1~2h 后，将驱动电机控制器直流母线工作电压设定为额定电压，驱动电机工作于持续转矩、持续功率条件下，检查系统能否正常工作，但不考核驱动电机及驱动电机控制器的外观。

5. 数据处理及评价指标

（1）数据处理

低温试验时，记录低温贮存后的绝缘电阻，记录起动过程及相应的冷却液的成分、温度及流量。低温试验恢复常态后，将驱动电机控制器直流母线工作电压设定为额定电压，驱动电机工作于持续转矩、持续功率条件下，检查系统能否正常工作。

高温试验时，检查高温贮存试验后绝缘电阻以及电机轴承油脂外溢情况，在高温贮存试验后恢复常态，将驱动电机控制器直流母线工作电压设定为额定电压，驱动电机工作于持续转矩、持续功率条件下，检查系统能否正常工作。记录驱动电机和电机控制器高温工作期间的电压、电流、转速和转矩变化情况，记录冷却液的成分、温度及流量。高温工作后复测绝缘电阻。

湿热试验后，复测绝缘电阻。试验结束恢复常态后，将驱动电机控制器直流母线工作电压设定为额定电压，驱动电机工作于持续转矩、持续功率条件下，检查系统能否正常工作。

耐振动试验时，记录测点处在振动方向上的振动频率、振幅、加速度和扫频频率，振动试验完成后，检查零部件的损坏情况及紧固件是否松脱。恢复常态后，将驱动电机控制器直流母线工作电压设定为额定电压，驱动电机工作于持续转矩、持续功率条件下，检查系统能否正常工作。

防水防尘试验时，检查进水以及粉尘进入情况。恢复常态后，将驱动电机控制器直流母线工作电压设定为额定电压，驱动电机工作于持续转矩、持续功率条件下，检查系统能否正常工作。

盐雾试验结束后，驱动电机及驱动电机控制器恢复1~2h后，将驱动电机控制器直流母线工作电压设定为额定电压，驱动电机工作于持续转矩、持续功率条件下，检查系统能否正常工作。

（2）评价指标

低温试验时，若无特殊规定，驱动电机及驱动电机控制器应能承受-40℃、持续时间2h的低温贮存试验。低温贮存后应能够正常起动。低温贮存持续2h后，复测绝缘电阻应符合评价要求。恢复常态后，驱动电机及驱动电机控制器应能在额定电压、持续转矩、持续功率下正常运行。

高温试验时，若无特殊规定，驱动电机及驱动电机控制器应能承受85℃、持续2h的高温贮存试验。高温贮存期间，驱动电机轴承内的油脂不允许有外溢。高温贮存持续2h后，箱内复测绝缘电阻应符合评价要求。恢复常态后，驱动电机及驱动电机控制器应能在额定电压、持续转矩、持续功率下正常运行。同时，驱动电机及驱动电机控制器应能在额定电压、持续转矩、持续功率、55℃的工作环境下，持续工作2h。试验后，复测绝缘电阻应符合评价要求。

湿热试验时，若无特殊规定，驱动电机及驱动电机控制器应能承受(40 ± 2)℃、相对湿度为90%~95%、48h的恒定湿热试验。试验后，驱动电机及驱动电机控制器应无明显的外表质量变坏及影响正常工作的锈蚀现象，复测驱动电机和电机控制器的绝缘电阻，应符合评价要求。恢复常态后，驱动电机及驱动电机控制器应能在额定电压、持续转矩、持续功率下正常运行。

耐振动试验时，在要求的严酷等级下，驱动电机及驱动电机控制器应能经受振动试验要求。经振动试验后，零部件应无损坏，紧固件应无松脱现象；应能在额定电压、持续转矩、持续功率下正常工作。

防水防尘试验后，电机及电机控制器没有明显水滴和粉尘进入。恢复常态后，驱动电机及驱动电机控制器应能在额定电压、持续转矩、持续功率下正常运行。

盐雾试验后，驱动电机及驱动电机控制器恢复1~2h后，驱动电机及驱动电机控制器应能在额定电压、持续转矩、持续功率下正常运行。

6.4 本章小结

本章总结了电动汽车电机系统整体试验准备，并以电机温升测试、工作电压范围测试、电机系统输入输出特性测试为代表进行了基于台架的电机系统性能参数测试研究、电机系统安全性和环境适应性测试。

第 7 章

电动汽车电机噪声特性及评价指标

对噪声的评价是一个非常复杂的问题，有两个基本问题需要解决：一是用什么样的量来表示噪声最合适；二是噪声不超过多大才算合理。首先就第一个问题来看，噪声有稳态的，也有非稳态的；有连续的，也有间歇的；有规律的，也有随机的；有宽频带的，也有窄频带的。因此要想找到一个能够评价各种噪声的物理量，确实相当困难。其次，噪声分贝究竟不超过多大才算合理，它与人们的工作环境、生活习惯、活动性质、个人心理和生理反应、噪声的特性等都有关系。由此可见，噪声的评价不单纯是个物理问题，还是一个心理学、生理学甚至社会学的问题。

7.1 电动汽车驱动电机噪声特性及降低噪声措施

通过第 5 章中的驱动电机系统噪声试验结果，结合电动汽车驱动电机结构分析，发现电动汽车驱动电机的噪声和内燃机驱动车辆上普通电机的噪声类别基本相似，主要由电磁噪声、机械噪声和空气动力噪声三部分组成。并且在背景条件下，主要噪声频段为 200Hz 和 700Hz，主要来自测功机和驱动电机控制器的风扇噪声；在低速低转矩工况条件下，主要噪声频段为 6000Hz 和 11600Hz，主要来自驱动电机轴承的自身噪声；在额定转速转矩工况条件下，主要噪声频段为 3600Hz 和 5800Hz，主要来自驱动电机的电磁噪声；在高速高转矩工况条件下，主要噪声频段为 1200Hz、5800Hz 和 7200Hz，主要来自驱动电机轴承自身的噪声和换向器或正流子的摩擦声。

7.1.1 电磁噪声

电磁噪声是电动汽车驱动电机噪声的主要成分，它通过磁轭向外传播。气隙磁波作用在定子铁心齿上，产生径向磁力和切向磁力两个分量，使定子铁心产生的振动变形的径向分量是电磁噪声的主要来源，使齿根部弯曲产生局部变形的切向分量是电磁噪声的次要来源。当径向电磁力波与定子的固有频率接近时，就会引起共振，使振动与噪声大大增强。

驱动电机在运行时，定子和转子之间的气隙空间中有一个气隙磁场，它是一个旋转的力波，其产生的电磁力是交变的。气隙磁场中除了主磁通外，还有很多的谐波分量，它们的频率往往是与齿、槽数成倍数关系。因此，电磁噪声中除了有二倍电源频率的主磁通引起的噪声外，还存在谐波磁通产生的频率较高的噪声。

另外，产生电磁噪声的其他原因有：

1）铁心饱和的影响。当铁心饱和时，将会使磁场正弦分布的顶部变得平坦，加大了磁场分布中三次谐波的分量，使电磁噪声增加。

2）开口槽的影响。由于定、转子槽都是开口的，气隙磁导在旋转时是变化和波动的。气隙磁场中出现了很多在基波磁势作用下产生的"槽开口波"，它们与气隙和槽开口的大小有关，气隙越小，槽口越宽，它们的幅值越大。

3）磁通振荡产生噪声。在直流驱动电机中，由于电枢齿距与补偿绕组节距选择、配合不当，以及主极极弧宽度与电枢齿距配合不当，都将产生电磁噪声。这主要是磁通在电枢和极靴表面横向振荡，以及极靴边侧磁通在电枢表面横向振荡的结果，与驱动电机负荷及转速有关。这种噪声有时表现为很强烈的"嗡嗡"声，低速电机因开口槽而产生类似锤击的声音。

4）气隙动态偏心。气隙偏心使一边气隙加大，另一边气隙减小，造成磁导沿圆周产生周期性变化，从而引起偏心，使基波磁势增加了一个谐波分量。

其他原因引起的气隙磁场中的高阶谐波也会产生电磁噪声。

7.1.2 机械噪声

机械噪声主要是指驱动电机运转时产生的轴承噪声、转子系统不平衡力产生的振动和噪声。

机械噪声是任何运动件无法避免的噪声，在电动汽车驱动电机中，它与电磁噪声紧密相关，因为一旦有结构振动，就会影响电磁场；同时由于电磁力的存在，也会改变结构件的振动频率和幅值特性。机械噪声一般随转速和负载电流的增大而增大，在高速情况下成为驱动电机噪声的主要部分，包括轴承、电刷和结构共振引起的噪声。

驱动电机中采用的轴承有滚动轴承和滑动轴承两种形式。滑动轴承一般用于微型驱动电机和大型驱动电机，其轴承噪声相对较低；滚动轴承可靠性高、维护简单，承载大，但其运行时噪声较大，常成为驱动电机的主要噪声源。滚动轴承通常由内、外轴承圈、滚珠（或滚柱）和保持器等部件组成。在转动时，滚动体相对于内、外圈和保持器有相对运动，工作表面的摩擦和撞击就产生了轴承噪声。轴承噪声可分为轴承自身噪声和轴承装配后构成的结构振动噪声两部分。

转子动平衡不好是产生机械噪声最常见的原因，其频率和旋转频率相同，是低频噪声。安装不良，定、转子部件固有频率和旋转频率一致时也会产生机械噪声。构件振动噪声也是常发生的一种机械噪声。转子的振动和轴承的振动往往通过端盖传递到底座和支承上，但当端盖的轴向刚性较差时，端盖受激而产生轴向振动和噪声。

7.1.3 空气动力噪声

驱动电机的空气动力噪声有涡流噪声和笛鸣噪声两种主要成分。涡流噪声主要是由转子和风扇引起冷却空气湍流，并在旋转表面交替出现涡流引起的，其频谱范围较广。笛鸣噪声是通过压缩空气，或空气在固定障碍物上擦过而产生的，即"口哨效应"。驱动电机内的笛鸣噪声主要是径向通风沟引起的。旋转驱动电机的空气动力噪声是不可避免的，它与转子表面圆周速度和表面形状、风扇空气动力特性及突起的零部件形状有关。

空气动力噪声是由随轴一起旋转的冷却风扇造成空气流动形成的噪声。它们与转速、风扇与转子的形状、粗糙度、不平衡量及气流的风道截面变化和风道形状有关，分为宽频噪声和离散噪声。

现在驱动电机采用内置式双风扇结构，同时采用了不等节距叶片结构降低离散噪声峰值，以降低风扇噪声。因此在大多数情况下，驱动电机中的空气动力性噪声源是风扇。

7.1.4 噪声降低措施

由于驱动电机的振动及噪声主要是由空气动力性噪声、机械噪声及电磁噪声所组成，针对不同的情况，可以采用不同的降低噪声的方法。降低电动汽车驱动电机系统噪声首要考虑降低电磁噪声，其次是机械噪声。

（1）降低电磁噪声的方法

1）合理设置爪极，形成励磁场，减少谐波成分。

2）选择适当的气隙磁密，不应太高，也不应过低，以免浪费材料。

3）选择合适的槽配合，避免出现低次力波。

4）定、转子磁路对称均匀，叠压紧密，特别是定子线圈与定子之间要固定牢靠。

5）定、转子加工与装配，应注意它们的圆度与同轴度。

（2）降低机械噪声的方法

保证很好的转子动平衡度，在采用转子去重法达到动平衡时应尽量将所有结构件都包含进去。特别是在采用了不等距风扇（一般是钢风扇）的情况下，在做动平衡时应将风扇包括进去。

减小和隔离机械结构振动的方法有：

1）使主要结构件的固有频率偏离主激振力频率，特别使结构件的共振频率远离高阶电磁激振力的振动频率。

2）驱动电机端盖与定子铁心之间加装弹性连接结构。

3）加阻尼措施，增强驱动电机结构阻尼能力，高能量地耗散内部能量，降低驱动电机的振动响应。

7.2 电动汽车驱动电机噪声评价现状

噪声作为一种环境公害已日益受到了人们的重视，现有的噪声评价量种类很多，如噪声评价数（NR 曲线）、A 声级、等效连续 A 声级、累计分布声级等。在这些不同的评价指标中虽然存在某种相关性和一致性，但也有各自的特点和应用。

对于传统旋转电机，GB/T 10069.1—2006《旋转电机噪声测定方法及限值 第1部分：旋转电机噪声测定方法》给出了测定旋转电机稳定运行空气噪声辐射的测试方法。在该标准中，给出了确定表征空气声辐射特征的声功率级。旋转电机辐射的声功率按下列基础标准之一来测定：

1）GB/T 6881.1—2002《声学 声压法测定噪声源声功率级混响室精密法》。

2）GB/T 6882—2016《声学 声压法测定噪声源声功率级和声能量级 消声室和半消声室精密法》。

3）GB/T 16404—1996《声学 声强法测定噪声源的声功率级 第1部分：离散点上的测量》。

7.3 电动汽车驱动电机噪声评价指标体系

首先要明确测量和评价的目的、噪声评价的适用范围及特点。同时结合噪声的特性进行噪声评价，只有这样才能比较客观、准确地评价噪声的影响。

因为基于声强的声功率测试不受环境影响，可以在实验室内进行，所以在进行电动汽车驱动电机噪声的测量和评价时，对电动汽车驱动电机噪声评价用传统声功率、A 计权声功率级、1/1 倍频程或 1/3 倍频程来分析。评价相同型号或相同类型的驱动电机噪声时，比较其相同参数数值即可。为了比较不同类型、不同质量和体积的驱动电机，本节提出采用包括功率声功率比、质量声功率比、体积声功率比及综合评价指标当量声功率比等评价指标体系来进行评价。为了定量说明，基于声强法采用扫描法，分别对直流驱动电机和交流驱动电机进行了声功率测试,测试结果分别为100.8dB和101.4dB。现场感受,前者的噪声比后者要小。

7.3.1 功率声功率比

功率声功率比表征单位驱动电机功率的声功率(Sound Power Per Power),用SP_P表示,为无因次量,即

$$SP_P = \rho_P W/P \qquad (7-1)$$

式中,ρ_P是功率声功率比系数,大型汽车取0.5,小型汽车取1;W是电动汽车驱动电机声功率(W);P是电动汽车驱动电机额定功率(W);

功率声功率比的数值越大,表征该驱动电机功率噪声密度越大。

对于第2章中试验用的续流增磁直流驱动电机,其功率声功率比用$SP_{P直流}$表示,其额定功率为125kW,则有

$$SP_{P直流} = W/P = 100.8/125 = 0.806$$

对于第5章中试验用的交流驱动电机,其功率声功率比用$SP_{P交流}$表示,其额定功率为100kW,则有

$$SP_{P交流} = W/P = 101.4/100 = 1.014$$

由此可以知道,试验用交流驱动电机的功率声功率比的数值比直流驱动的大,因此交流驱动电机的功率噪声密度比直流驱动电机的大。

7.3.2 质量声功率比

质量声功率比表征单位质量的声功率(Sound Power Per Mass),用SP_m表示,单位为W/kg,即

$$SP_m = \rho_m W/m \qquad (7-2)$$

式中,ρ_m是质量声功率比系数,大型汽车取1,小型汽车取0.5;W是电动汽车驱动电机声功率(W);m是电动汽车驱动电机质量(kg)。

质量声功率比的数值越大,表征该驱动电机质量噪声密度越大。

对于第2章中试验用的续流增磁直流驱动电机,其质量声功率比用$SP_{m直流}$表示,其质量为530kg,则有

$$SP_{m直流} = W/m = 100.8/530 = 0.19 \text{W/kg}$$

对于第5章中试验用的交流驱动电机,其质量声功率比用$SP_{m交流}$表示,其质量为368kg,则有

$$SP_{m交流} = W/m = 101.4/368 = 0.28 \text{W/kg}$$

由此可以知道,试验用交流驱动电机的质量声功率比的数值比直流驱动的大,从而交流驱动电机的质量噪声密度比直流驱动电机的大。

7.3.3 体积声功率比

体积声功率比表征单位体积的声功率（Sound Power Per Volume），用 SP_V 表示，单位为 W/m^3，即

$$SP_V = \rho_V W/V \tag{7-3}$$

式中，ρ_V 是体积声功率比系数，大型汽车取 1，小型汽车取 0.5；W 是电动汽车驱动电机声功率（W）；V 是电动汽车驱动电机体积（m^3）。

体积声功率比数值越大，表征该驱动电机体积噪声密度越大。

对于第 2 章中试验用的续流增磁直流驱动电机，其体积声功率比用 $SP_{V直流}$ 表示，其中体积 $V = 0.146 m^3$，则有

$$SP_{V直流} = W/V = 100.8/0.146 = 690.41 W/m^3$$

对于第 5 章中试验用的交流驱动电机，其体积声功率比用 $SP_{V交流}$ 表示，其中体积 $V = 0.089 m^3$，则有

$$SP_{V交流} = W/V = 101.4/0.089 = 1139.33 W/m^3$$

由此可以知道，试验用交流驱动电机的体积声功率比的数值比直流驱动电机的大，因此交流驱动电机的体积噪声密度比直流驱动电机的大。

7.3.4 当量声功率比

以上各个指标分别表征从体积、质量和功率方面进行驱动电机噪声的评价，为了全面比较，引入综合评价指标，即当量声功率比（Equivalent Sound Power），用 SP_e 表示，为无因次量，即

$$SP_e = \rho_e \frac{W}{mVP} \tag{7-4}$$

式中，ρ_e 是当量声功率比系数，大型汽车取 0.5，小型汽车取 1；W 是电动汽车驱动电机声功率（W）；P 是电动汽车驱动电机功率（W）。

当量声功率比 SP_e 数值越大，表征该驱动电机当量声功率噪声密度越大。

对于第 2 章中试验用的续流增磁直流驱动电机，其当量声功率比用 $SP_{e直流}$ 表示，则有

$$SP_{e直流} = \rho_e \frac{W}{mVP} = \frac{100.8}{530 \times 0.146 \times 125} = 0.01$$

对于第 5 章中试验用的交流驱动电机，其当量声功率比用 $SP_{e交流}$ 表示，则有

$$SP_{e交流} = \rho_e \frac{W}{mVP} = \frac{101.4}{368 \times 0.089 \times 100} = 0.03$$

由此可以知道，试验用交流驱动电机的当量声功率比的数值比直流驱动电机的大，因此交流驱动电机的当量声功率噪声密度比直流驱动电机的大。

综上，建立了包括驱动电机的功率声功率比、质量声功率比、体积声功率比和综合评价指标当量声功率比的电动汽车驱动电机噪声评价指标体系。

在实际运用上述指标时需要综合考虑，评价相同功率的驱动电机时，如果其功率声功率比越大，则该驱动电机的声功率越大，表明该驱动电机的噪声越高，噪声水平越差；而当功率声功率比相同时，驱动电机功率越小，噪声声功率越小，表明该驱动电机的噪声比较低，噪声水平比较好。

对于体积声功率比和质量声功率比的分析，参考功率声功率比。

如果驱动电机的质量、体积和额定功率都不尽相同，则在进行比较时，可参考当量声功率比。计算的当量声功率数值越大，表明该驱动电机的噪声越高，噪声水平越差。

7.4 基于噪声的电动汽车驱动电机故障诊断

电机测试过程中，噪声常常作为衡量电动汽车电机性能的主要指标。驱动电机每个部件正常工作时，都会发出一定固有频率的噪声。当某一部件的状态发生改变，其噪声频谱也必然发生改变。不同状态的电机，其噪声情况有所不同，同时也表征着电动汽车的状态不同。为此，可根据对电动汽车电机噪声的分析来判断电动汽车电机的故障，为确定电动汽车电机故障诊断提供了一种新的方法。

本节主要利用自行设计的阵列噪声测试系统对电动汽车故障电机噪声进行测试，进行电动汽车电机的故障诊断。

7.4.1 故障诊断噪声试验设备

电动汽车电机故障诊断过程中的噪声测试同一般噪声测试，多在台架上进行。电动汽车动力驱动系统测试平台如图5-1所示。

测试系统通常包括硬件部分和软件部分。传统噪声测试采用单个声压传感器，本节测试系统的硬件部分为第5章中自行设计的阵列系统，即由27个传感器组成。将这27个传感器安装在加工好的固定装置上，组成一个"十"字形平面传感器。传感器之间的距离为等间距，间距为0.05m。信号通过MKⅡ的数据采集前端上传至计算机，利用计算机上的自编程序进行数据处理和分析。该系统不仅可对噪声进行频谱分析，同时可重建电机噪声的声场，从而确定噪声源位置。

试验用电动汽车电机系统是纯电动客车用交流异步驱动电机，基本参数如下：额定功率为100kW，额定电压为386V，额定转速为2000r/min，额定转矩为471N·m，质量为368kg，电机系统冷却方式为自带风扇冷却。试验时测试环境湿度20%，温度为22.9℃。

试验用电动汽车电机的轴承有些损坏，故障电机噪声试验选取在额定转速、额定转矩工况下进行测试。为剔除背景噪声的影响，先使测功机运行，在电动汽车电机不转动的情况下进行环境背景噪声测试，然后进行电动汽车电机额定工况时噪声的测试。其中，用声级计测量背景噪声为68dB。通过PAK软件模块将数据转换为Matlab可调用的格式。通过自编程序进行分析，可以分别得出电动汽车电机在运行工况下的噪声频谱图。

7.4.2 电动汽车电机故障诊断分析

电动汽车电机背景噪声的声场频谱分布如图5-4和图5-5所示。通过低频段的频谱分布（图5-5）可以看出，主要频率在200Hz和700Hz附近。结合现场情况，背景条件下该频率为测功机风扇噪声的频率。

电动汽车电机额定转速、额定转矩工况是指电机在转速为2000r/min和转矩为477N·m条件下进行工作时的工况。故障电机在额定转速、额定转矩工况下声场的频谱分布如图5-16和图5-17所示。

通过分析，除了背景噪声，故障电机在额定转速、额定转矩工况条件下的主要故障噪声频率为3600Hz和5800Hz。

根据试验测得的电动汽车电机故障噪声频谱，结合电机部件常见频段和电机噪声声场的重建，可知故障电机噪声主要来自于电动汽车电机的轴承部分。其主要原因可能是轴承品质差、装配不当，或轴颈、游隙等公差配合和加工不当而造成的。分析结果与实际情况相同，从而证明了通过噪声进行电动汽车电机故障诊断的可行性和有效性。

7.5 本章小结

本章分析了电动汽车驱动电机噪声特性并提出了一般改进措施，提出了在实验室条件下基于声功率进行电动汽车驱动电机噪声的评价方法，建立了电动汽车驱动电机噪声评价指标体系，其中主要包括驱动电机的功率声功率比、质量声功率比和体积声功率比，并提出了不同类型驱动电机之间比较的综合评价指标当量声功率比。基于声强法，分别对第2章中试验用的续流增磁直流驱动电机和第5章中试验用的交流驱动电机进行了声功率测试，并对计算出的各指标进行了评价。结合实际现场感受情况，证明了所建立的评价指标体系在评定内容和评定方法上的合理性，并对驱动电机噪声评价指标体系的使用进行了说明。最后，基于噪声对电动汽车驱动电机故障进行了诊断。

第 8 章 基于兼容度准则的电动汽车电机系统综合性能评价

8.1 电动汽车电机系统综合性能评价指标

由于电机系统的性能不仅涉及电气性能、动力性能、安全性能及可靠性等技术指标，而且涉及与整车匹配程度相关的效能指标。电机系统不同类型，考核的侧重点不同，混合动力汽车电机系统不同工况下的效能指标也不相同，图 8-1 所示为电机系统评价指标。

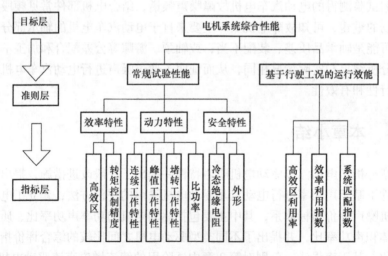

图 8-1 电机系统评价指标

电机系统评价指标体系中既有效益型指标，又有成本型指标和区间型指标，对应的隶属函数可分成三种型式：升型指标、降型指标和中间型指标，即指标的隶属度分别随指标值单调增加、单调下降或先增后降。通过对电机系统综合性能评价指标的特点进行研究分析，对属于升降型的指标，鉴于半岭形分布的良好的渐入渐出特性以及在大量实际运用中的良好性质，采用以升半岭形模糊分布和降半岭形模糊分布为主的隶属函数；对属于中间型的指标，则选用正态型模糊分布。

8.2 基于兼容度准则的综合性能评价方法

传统折中型模糊决策方法对于电机系统评价存在测度工具的局限和决策模式差异的局限等。传统方法可以有效地表述同一类型电机系统的综合性能，但不能有效地表述不同类型电机系统的综合性能以及评价指标的变化趋势，而其单一的决策模式更加限制了评价方法的有效性，大大降低了准确性和可操作性。

8.2.1 决策模式的改进

为了尽量减少决策模式的差异，提高评价方法的有效性，建立一种从众多备选方案中产生优化方案的方法，以实现现代科学的决策。根据多元统计分析理论，评价方案间的相关程度可通过等级相关系数表示为

$$r_{ij} = 1 - \frac{6}{n(n^2-1)} \sum_{k=1}^{n} (a_k^{(i)} - a_k^{(j)})^2 \quad i,j = 1,2,\cdots,h \tag{8-1}$$

式中，n 是评价对象数；$a_k^{(i)}$ 是第 k 号对象在第 i 种方案中的排序次数；h 是通过不同决策方法得到的评价方案数。

评价方案兼容度的实质是指该评价方案与其他评价方案的等级相关系数的加权平均值，数学表达式为

$$r = \sum_{j=1}^{h} w_j r_{ij} \tag{8-2}$$

式中，w_j 是第 j 个评价方案的权重，通常在对各个评价方案没有特别偏好时都取 $\frac{1}{h}$。

8.2.2 基于兼容度准则的评价方法

基于兼容准则的电机系统综合性能评价方法就是在原 h 个评价方案 $\{a_k^{(j)}\}$ 的基础上生成一个新的评价方案 $y = \{y_k\}$，使其兼容度最大，即

$$\max_{y} r_y = \sum_{j=1}^{h} r_{yj} \tag{8-3}$$

其物理意义是：如果将每一个评价方案看成是 n 维欧式空间的一个点，则求与 h 个评价方案有最大兼容度的评价方案可以归结为在 n 维欧氏空间中，求与 h 个点按欧氏距离平方和达极小值的点。即解如下的极值问题

$$\min_y \varphi(y) = \sum_{j=1}^{h} (y - a^{(j)})^{\mathrm{T}} (y - a^{(j)}) \tag{8-4}$$

由此可见，求与 h 个评价方案有最大兼容度的评价方案，等价于在 n 维评价方案空间中，寻找最小二乘意义下对 h 个点的最佳逼近点。

显然，若每种评价方法是独立的，则某个电机系统方案的兼容度越大，该电机系统评价结果的代表性越强，可靠性越高。

8.3 电机系统综合性能评价

以某电动汽车整车配套的两套电机系统为评价对象，通过实测的常规性能和仿真得到的运行效能，结合规定值以及不同评价性能指标隶属函数计算评价指标隶属度，对比评价同一电机系统在不同行驶工况下和不同电机系统在同一行驶工况下的综合性能。电机系统综合性能评价指标值及其隶属度见表 8-1。

表 8-1 电机系统综合性能评价指标值及其隶属度

评价指标			实测值		合同值		隶属度		权重
			1号电机	2号电机	1号电机	2号电机	1号电机	2号电机	
效率特性	高效区（%）		72	75	≥50		0.9457	0.9826	0.1694
	转矩控制精度/N·m		±2.5	±0.2	±5		0.1466	0.4686	0.097
动力特性	连续工作温升特性/K		52.3	26.9	H级		0.7016	0.9475	0.0614
	峰值工作温升特性/K		27.5	10.5			0.9438	0.9999	
	堵转工作特性/N·m		148	155	153		0.9894	1	
	比功率/(kW/kg)		0.94	0.978	1.15	1	0.8436	0.917	0.0463
安全特性	冷态绝缘电阻/MΩ	电机	<500	>20	≥20		1	1	0.0386
		控制器	1.7	>20			0	1	
	外形	电机	33.8	29.8	<30	32	0.3659	0.955	0.0108
		控制器	18.8	19.4	<20		0.98	0.965	
运行效能	高效区利用率（%）	NEDC	87.84	52.77	—		0.9638	0.5434	0.2377
		FTP75	80.66	65.25	—		0.9104	0.7304	
	效率利用指数	NEDC	53.6	34.1			0.5564	0.2606	0.1618
		FTP75	40.9	44.1			0.3591	0.4079	
	系统匹配指数	NEDC	83.4	75.7			0.9334	0.8611	0.1771
		FTP75	68.9	68.2			0.7796	0.7704	

根据表 8-1 中隶属度和权重，以 1 号电机 NEDC 行驶工况、1 号电机 FTP75 行驶工况、2 号电机 NEDC 行驶工况、2 号电机 FTP75 行驶工况为四种情况，组

成评价方案集 $A = \{A_1 \quad A_2 \quad A_3 \quad A_4\}$，计算电机系统综合性能模糊评价矩阵为

$$X = \begin{bmatrix} 0.16 & 0.014 & 0.043 & 0.058 & 0.061 & 0.039 & 0.039 & 0 & 0.004 & 0.011 & 0.229 & 0.09 & 0.165 \\ 0.16 & 0.014 & 0.043 & 0.058 & 0.061 & 0.039 & 0.039 & 0 & 0.004 & 0.011 & 0.216 & 0.06 & 0.138 \\ 0.167 & 0.045 & 0.058 & 0.061 & 0.061 & 0.042 & 0.039 & 0.039 & 0.01 & 0.01 & 0.129 & 0.042 & 0.153 \\ 0.167 & 0.045 & 0.058 & 0.061 & 0.061 & 0.042 & 0.039 & 0.039 & 0.01 & 0.01 & 0.174 & 0.066 & 0.136 \end{bmatrix}$$

图 8-2 所示为各评价方案综合性能对比。从图中可以看出：

① 在 NEDC 行驶工况下，尽管 1 号电机系统高效区小于 2 号，但 1 号电机系统高效区的利用率大于 2 号，说明 1 号电机系统的效率区间分布更加适合；从效率利用指数可以看出，1 号电机系统的最高效率大于 2 号电机系统，2 号电机系统的常规测试性能普遍优于 1 号。但由于运行效能权重较大，所以 NEDC 工况下 1 号电机系统综合性能应高于 2 号。

② 在 FTP75 行驶工况下，尽管 2 号电机系统的高效区利用率低于 1 号，但 2 号电机系统效率利用指数大于 1 号，效率特性的分布与行驶工况更加匹配，同时 2 号电机系统的常规测试性能优于 1 号，其综合性能应优于 1 号电机系统。

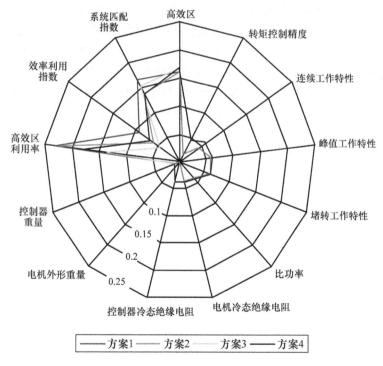

图 8-2 各评价方案综合性能对比（见彩插）

各种决策方法测度算子的不同造成了方案排序名次的不同，具体见表 8-2。

表 8-2 方案排序名次

	方案 1	方案 2	方案 3	方案 4
模糊折中	1	2	4	3
灰色关联度	3	4	2	1
综合接近度	1	3	4	2
兼容度准则	1	3	4	2

基于兼容度准则的电机系统综合性能评价方法对评价方案的结果为：方案 1＞方案 4＞方案 2＞方案 3。该结论与分析的结果相一致，验证了评价方法的有效性，为电机系统性能的改进提供了参考依据。

8.4 本章小结

根据电机系统评价指标相互冲突、定性与定量并存的特点，分析了模糊多属性决策的适用性；利用累积的电机系统实测数据，根据评价指标的特点，制定了适合电机系统评价指标的隶属函数。通过研究传统模糊多属性决策算法对电机系统评价的适用程度，改进了传统测度工具与决策模式对电机系统评价的局限性。综合灰色关联度提出了基于兼容度准则的模糊多属性决策方法，基于某电动汽车，对比同一电机在不同行驶工况下的综合性能以及不同类型电机系统在同一行驶工况下的综合性能，确立了电机系统综合性能的评价模型。

参 考 文 献

[1] CHAN C C. Engineering philosophy of electric vehicles [J]. Electric Machines and Drives, 1999 (5): 255 – 257.

[2] CHAN C C, CHAU K T. Modern electric vehicle technology [M]. New York: Oxford University Press Inc., 2001.

[3] 孙逢春, 张承宁, 祝嘉光. 电动汽车 [M]. 北京: 北京理工大学出版社, 1997.

[4] 武建文, 李德成. 电机现代测试技术 [M]. 北京: 机械工业出版社, 2005.

[5] 蒋孝煜, 连小珉. 声强技术及其在汽车工程中的应用 [M]. 北京: 清华大学出版社, 2001.

[6] BERANEK L L. Acoustic [M]. New York: American Institute of Physics, 1986.

[7] 杜功焕, 朱哲民, 龚秀芬. 声学基础 [M]. 上海: 上海科学技术出版社, 1981.

[8] 盛美萍, 王敏庆, 孙进才. 噪声与振动控制基础 [M]. 北京: 科学出版社, 2003.

[9] FAHY F J. Sound intensity [M]. London and New York: Elsevier Applied Science, 1989.

[10] 马大猷, 沈壕. 声学手册 [M]. 北京: 科学出版社, 1983.

[11] 何祚镛, 赵玉芳. 声学理论基础 [M]. 北京: 国防工业出版社, 1981.

[12] 应怀樵. 现代振动与噪声控制技术 [M]. 北京: 航空工业出版社, 2000.

[13] 何琳, 朱海潮, 邱小军, 等. 声学理论与工程应用 [M]. 北京: 科学出版社, 2006.

[14] 谢处方, 邱文杰. 天线原理与设计 [M]. 西安: 西北电讯工程学院出版社, 1985.

[15] PILLAI S U. Array signal processing [M]. New York: Springer – verlag, 1989.

[16] 张春香, 王再宙, 张帅. 一种电动汽车电机系统的噪声测量装置: CN210293447U [P]. 2020 – 04 – 10.

[17] WILLIAM J. PALM Ⅲ. MATLAB 7 基础教程: 面向工程应用 [M]. 北京: 清华大学出版社, 2007.

[18] 罗军辉, 罗勇江, 白义臣, 等. MATLAB7.0 在数字信号处理中的应用 [M]. 北京: 机械工业出版社, 2005.

[19] 张春香, 王再宙, 宋强. 电动汽车电机系统噪声声场模型分析研究 [J]. 微电机, 2015 (7): 31 – 34.

[20] 王再宙, 张春香, 吕锋, 等. Noise research of traction motor system for electric vehicle based on microphone array [J]. 北京理工大学学报 (英文版), 2011, 20 (2): 25 – 27.

[21] 王再宙, 张春香, 吕锋, 等. 基于最小能量阵列信号处理噪声测试系统研究 [J]. 南京理工大学学报, 2011, 35 (178): 222 – 226.

[22] 张春香, 王再宙, 吕锋, 等. Research torque control precision of in – wheel – motor for electric vehicle [J]. 北京理工大学学报 (英文版), 2011, 20 (sup2): 115 – 118.

[23] 张春香, 王再宙, 宋强, 等. Experimental research of traction motor system for electric vehicle base on sound intensity [J]. High Technology Letters, 2010, 16 (1): 67 – 69.

[24] 张承宁, 王再宙, 宋强. 基于传声器阵列电动汽车用电机系统噪声源识别研究 [J]. 中

国电机工程学报, 2008, 28 (30): 109 - 112.

[25] 王再宙, 张承宁, 宋强. 纯电动汽车直流驱动电机噪声测试分析 [J]. 微电机, 2007, 40 (12): 82 - 83.

[26] 王再宙, 张承宁, 宋强. XL 纯电动轿车电机系统堵转温升特性及系统效率研究 [J]. 电机控制与应用, 2006, 33 (8): 47 - 50.

[27] 王再宙, 张承宁, 张彩萍, 等. 基于 MATLAB 纯电动轿车电机系统效率测试分析 [J]. 微电机, 2006, 39 (5): 25 - 28.

[28] 马大猷. 噪声与振动控制工程手册 [M]. 北京: 机械工业出版社, 2002.

[29] 全国旋转电机标准化技术委员会 (SAC/TC26). 旋转电机噪声测定方法及限值 第 1 部分: 旋转电机噪声测定方法: GB/T 10069.1—2006 [S]. 北京: 中国标准出版社, 2006.

[30] 全国声学标准化技术委员会. 声学 声压法测定噪声源声功率级混响室精密法: GB/T 6881.1—2002 [S]. 北京: 中国标准出版社, 2002.

[31] 全国声学标准化技术委员会 (SAC/TC 17). 声学 声压法测定噪声源声功率级和声能量级 消声室和半消声室精密法: GB/T 6882—2016 [S]. 北京: 中国标准出版社, 2016.

[32] 全国声学标准化技术委员会. 声学 声强法测定噪声源的声功率级 第 1 部分: 离散点上的测量: GB/T 16404—1996 [S]. 北京: 中国标准出版社.

[33] 张春香, 王再宙, 王忠良, 等. Noise evaluation research of traction motor system for electric vehicle [J]. 北京理工大学学报 (英文版), 2014, 23 (sup2): 78 - 82.

[34] 王再宙, 宋强, 张承宁. 电动汽车用电机噪声分析和降噪方法初探 [J]. 微电机, 2006, 39 (7): 62 - 63.

[35] 张春香, 王再宙, 宋强, 等. 基于兼容度准则的电动汽车电机系统评价研究 [J]. 微特电机, 2015, 43 (6): 64 - 66.

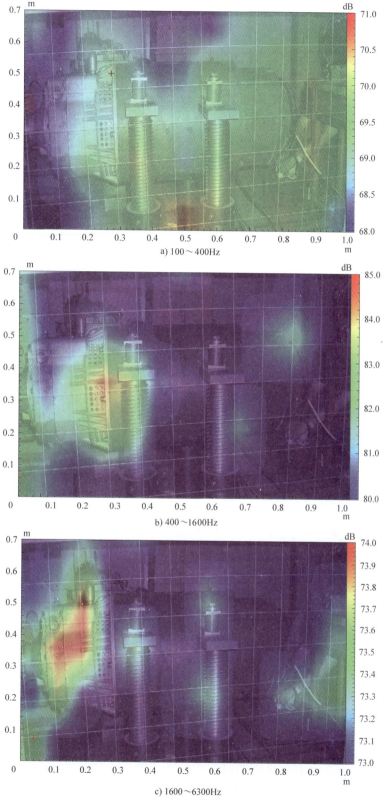

图 2-6 驱动电机右侧声强云图

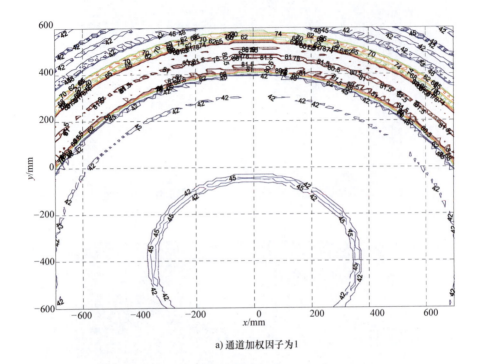

a) 通道加权因子为1

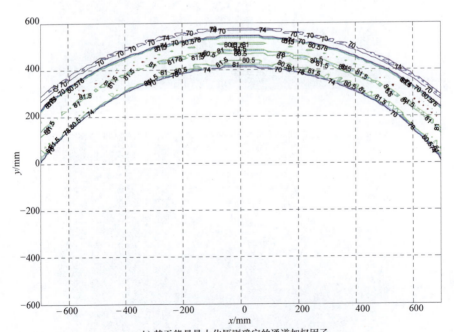

b) 基于能量最小化原则确定的通道加权因子

图 5-6　背景噪声条件下的全部噪声声场分布

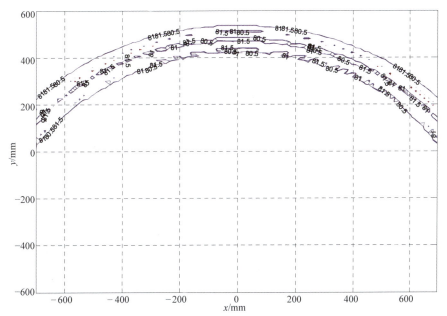

图 5-7 背景噪声条件下的主要噪声分布

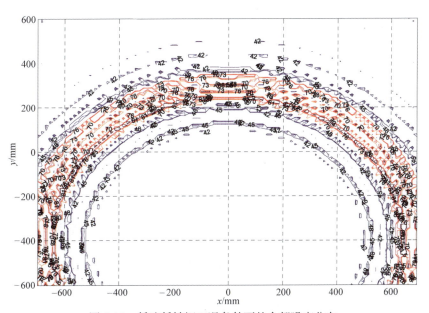

图 5-13 低速低转矩工况条件下的全部噪声分布

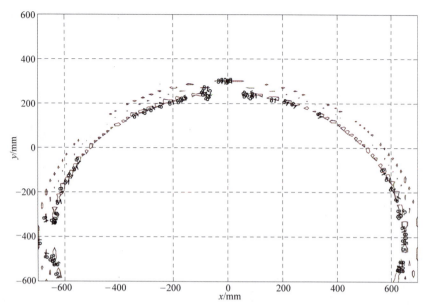

图 5-14 低速低转矩工况条件下的主要噪声分布

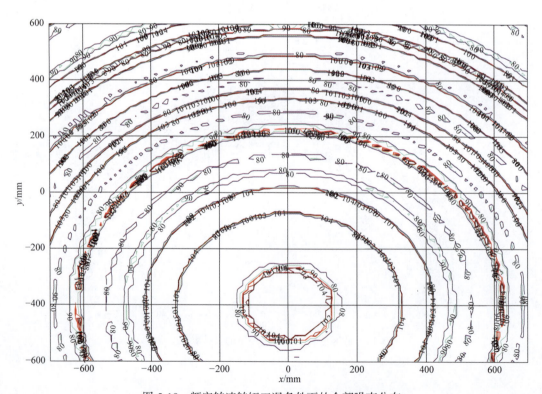

图 5-18 额定转速转矩工况条件下的全部噪声分布

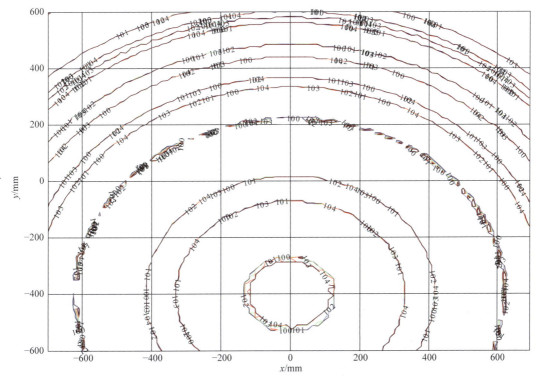

图 5-19 额定转速转矩工况条件下的主要噪声分布

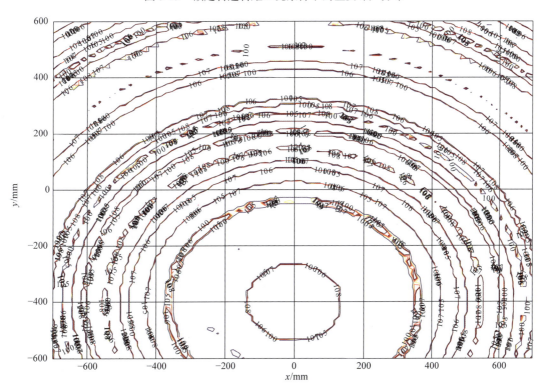

图 5-24 高速高转矩工况条件下的全部噪声声场分布

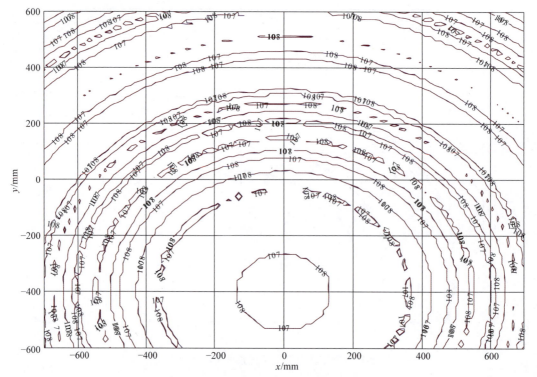

图 5-25 高速高转矩工况条件下的主要噪声分布

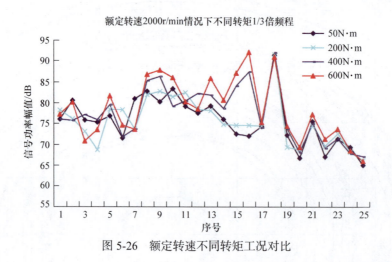

图 5-26 额定转速不同转矩工况对比

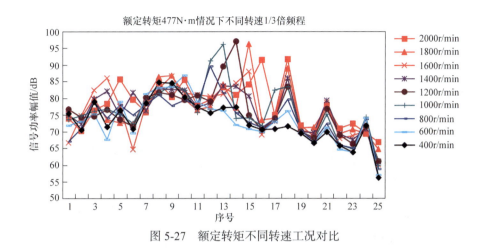

图 5-27 额定转矩不同转速工况对比

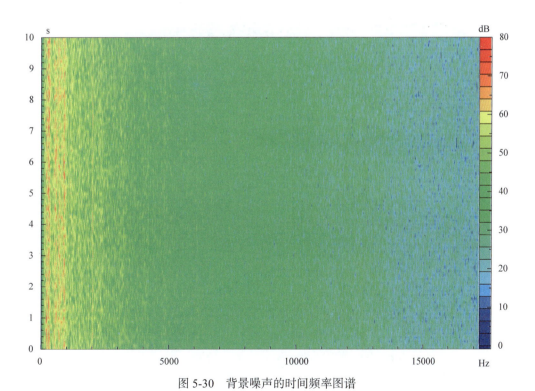

图 5-30 背景噪声的时间频率图谱

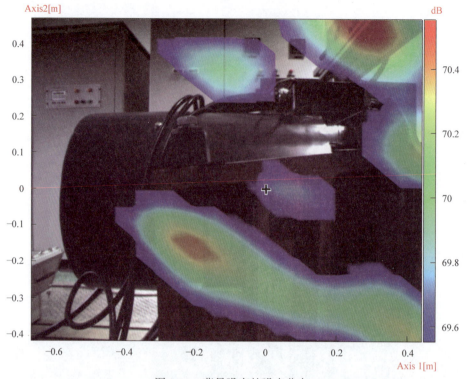

图 5-31 背景噪声的噪声分布

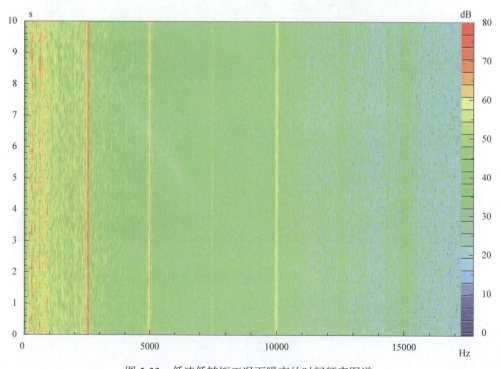

图 5-33 低速低转矩工况下噪声的时间频率图谱

图 5-34　低速低转矩工况下噪声分布

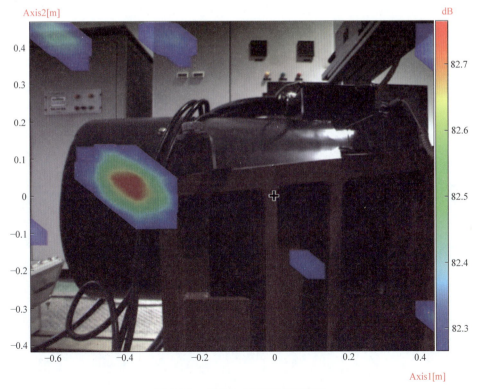

图 5-35　6000Hz 下的噪声源定位

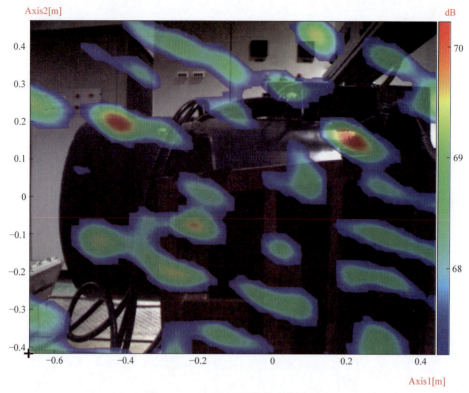

图 5-36 11600Hz 下的噪声源定位

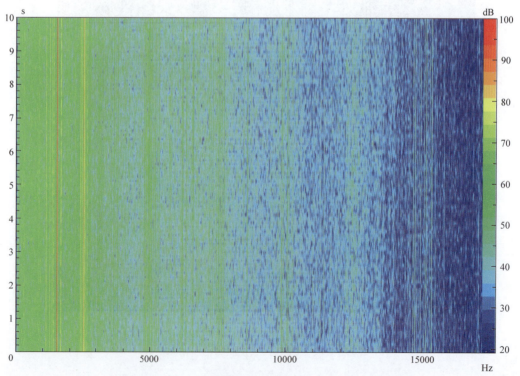

图 5-38 额定转速额定转矩工况下噪声的时间频率图谱

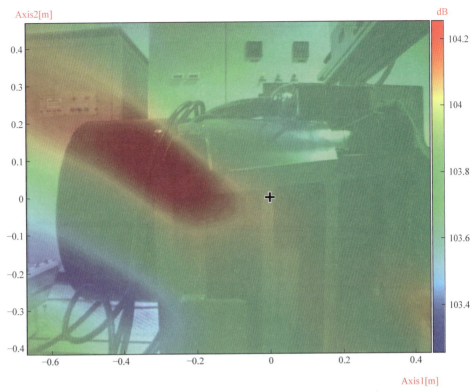

图 5-39 额定转速额定转矩工况下的噪声分布

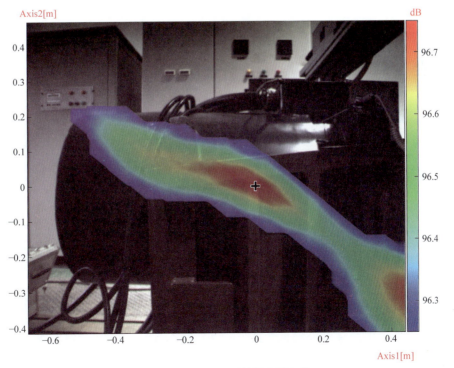

图 5-40 3600Hz 下的噪声源定位

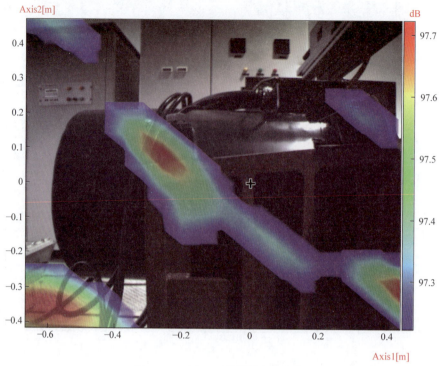

图 5-41　5800Hz 下的噪声源定位

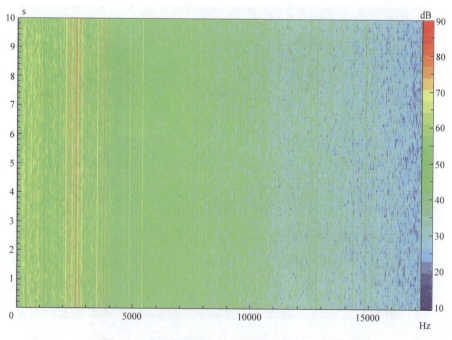

图 5-43　高速高转矩工况下噪声的时间频率图谱

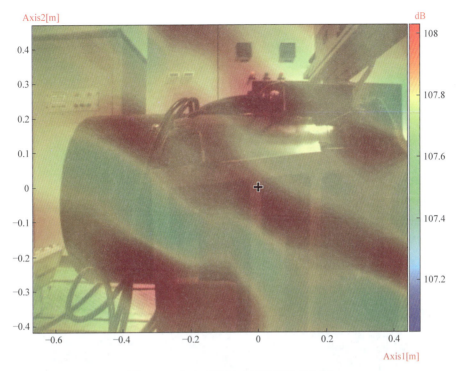

图 5-44 高速高转矩工况下的噪声分布

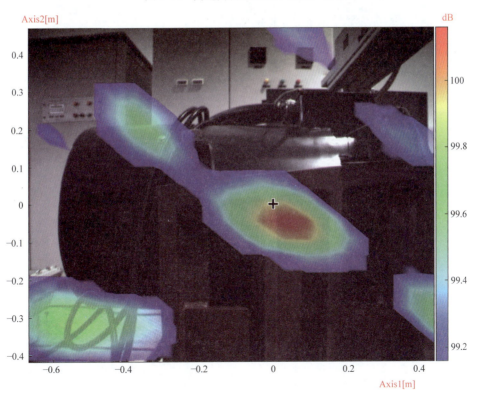

图 5-45 5800Hz 下的噪声源定位

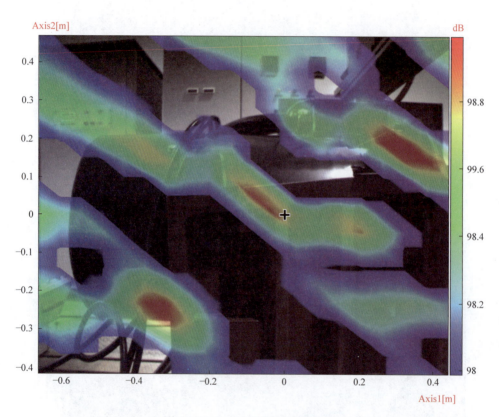

图 5-46 7200Hz 下的噪声源定位

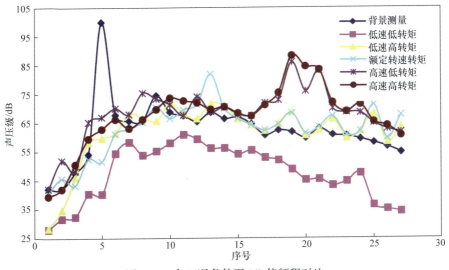

图 5-47 各工况条件下 1/3 倍频程对比

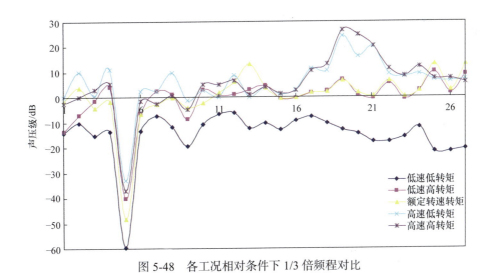

图 5-48 各工况相对条件下 1/3 倍频程对比

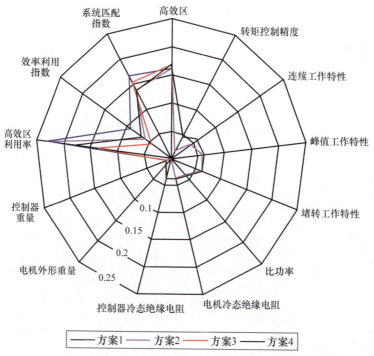

图 8-2 各评价方案综合性能对比